西部 邁
NISHIBE SUSUMU

焚書坑儒のすすめ

エコノミストの恣意を思惟して

ミネルヴァ書房

はじめに

話すように書き、書くように話す、それが私の文章作法となってすでに久しい。書き言葉と話し言葉の合一をめざしているからには、私の文章が難解になることなど、めったにないはずである。ところが、世間では私の文章に難解との評が寄せられている。なぜなのだろう。居直りと聞こえるのを恐れずにいうと、私の見解がおおよそつねに世間の流行と正反対の方向にあるからなのだと思われてならない。どうやら、世人は、知識人を名告る手合をはじめとして、自分の思っていることを他人に書いてもらうと、明解であると感じ入るものらしいのである。そこから、ファッションが、つまり「仲間の行為」としての「流行」のオピニオンが、幅を利かせるということにもなる。

オピニオンという言葉の原義は「根拠の不確かな臆説」のことであり、それにたいしセンテメンツもしくはセンスは「揺るがぬ感情」であり「不動の認識」である。私は後者を表現したいものだと考えてきた。そのせいなのか、恥も外聞も恐れずに言い切ると、ここ三十五年間ばかり、私の見解や予測は間違ったことがない。揺らいだこともない。たとえば、本書で述べ立てた経済論は私が自分の処女作で開陳したものと、本質において、何の変わりもないのである。

経済論は、自分の人生観や歴史観を、また国家論や文明論を、披瀝するのに適した分野ではないので、あまり本気で立ち入ることはしないでおこう、と私は三十四年前に心に決めた。ここで経済論に久し振りに触れたのはどうしてか。理由は簡単で、世上の経済論が、聞くだにおぞましくなるほどに、間違いつづけているからである。誤謬を犯すことにおける連帯、それがエコノミスト連の友愛というものかと察しられる。

かつて、エコノミストには節約家という意味もあった。おのれの感情と思考を節約しつづければ、表現はイデオロギーつまり「固定された意見」とならざるをえない。誰も彼もが経済について書いたり話したりしているのに、皆して間違いつづけ、そのことが現実の推移によって暴露されると、状況が変わったのだと言い逃れる。これでは「表現の吝嗇家」とよばれても致し方あるまい。人間はフォリブル（間違いを犯しうるの）であり、それゆえにどんな表現もかならずやハイポサシス（仮説）でしかないのは、まったくやむをえないことだ。しかし、誤謬常習犯が言論の大道を群なして闊歩するというのはみたくもない光景である。

みたくなくともみせつけられるのが世論の常なる風景とはいうものの、人には我慢の限界というものがある。物言わぬは腹ふくるる業なり、という格言もある。ここは一つ、書くように話してみて、迫りくる経済の危機を、危機にはまっている既存の経済論を批評することを通じて、描写してみようと思い立った。いや、正直にいうと、ミネルヴァ書房の水野安奈さんがそうしてくれというので、そうなった次第である。なお、ここでクリティーク（批評）というのは物事の「限界を見定める」ことであり、ここでの私の喋りも、エコノミスト連がどれほど狭い思想の領土のなかで飽きもせずにもがいているかを、明らかにすることに主眼がおかれている。

エコノミストの精神領土が極度に狭いのは、それの想定するエコノミーつまりオイコス（家）のノモス（法）が小さく浅いからだ。要するに、個人は家の名に値せず、合理も法のほんの一側面をなぞるにすぎないということである。経済とは「経世済民」という広い視界と長い視線を必要とする作業のことであるのに、彼らは、井のなかの蛙よろしく、市場理論という閉領域で鳴きつづけている。そんな程度のものに共鳴しつづけている現代というものの奇怪さ、それを私の語りが少しでも浮き彫りにすることができたとしたら、私としては、現代社会で「時と所と場合」を手にしたことが一度もない私であるにもかかわらず、いとまず満足と思うことができる。

焚書坑儒のすすめ――エコノミストの恣意を思惟して

目次

はじめに 3

第1章 世界の市場――陥没の危機

1 ミネルヴァ神の意味するところ 5
2 取引のスタンピード 9
3 大不況とマルクス・ゾンビ 13
4 アメリカン・ヘゲモニーの終焉 18
5 「おもしろうて、やがて悲しき」まつりごと 26
6 原理なき教条主義 30
7 ふたたびマルクス・ゾンビについて 34
8 ＩＴ革命という名のＵＦＯ 41
9 放埓へと暴走する自由 46

第2章　経済政策の急展開――保護主義の台頭　57

1　自由貿易は万能ならず　59
2　規制緩和論の迷妄　63
3　一九三〇年代危機と新世紀危機との違い　74
4　ステイティズムかナショナリズムか　80
5　活力・公正・節度・良識をこそ　91
6　フランス革命とアメリカ革命　97

第3章　自由交換のデマゴギー――狂気の暴走　101

1　競争とは何か　103
2　市場価格の意味　105

3 市場の成立条件 108
4 公正価格の必要性 114
5 ケインジアン・ケースこそが基本形 121
6 ハイエク問題 124
7 商品化の無理 129
8 情報格差 136
9 イメージの公共性 138
10 貨幣あってこその経済 142

第4章 経済社会の崩落——大衆の躁鬱 149

1 勤労の意味 151
2 効用関数という心理の空き箱 157
3 組織経営の必要 164
4 勤労者はなぜ俸給を手にしうるのか 169

5 「消費」か「成就」か 177
6 欲望差異化という嘘 183
7 情報の限界 187
8 当て処なく休みなき変化 193
9 決断主義は不可避 200
10 高度大衆社会の出現 204

第5章 公共性の喪失——組織の液状化 209

1 公共性なき核家族 211
2 企業は何物か 216
3 不完全なのが競争の常 221
4 企業は誰のものか 226
5 「経営者効用」の理論は妥当か 231
6 犯罪に手を染める企業 235

第6章 苦悶する世界経済 239
1 ポリティカル・エコノミーが復活した 241
2 保護主義の意義 248
3 ブロック「イズム」の甦り 257
4 「国際」と「域際」が国家の輪郭を決める 264
5 ナショナリズムとステイティズムの相克 269
6 公共活動が市場の「基礎と方向」を打ち固める 272

索 引

焚書坑儒のすすめ——エコノミストの恣意を思惟して

第1章　世界の市場——陥没の危機

1　ミネルヴァ神の意味するところ

はじめまして。

私は、ミネルヴァ書房で初めての仕事となるのですが、読者のために、この書店名についてごく雑ぱくな解説をほどこしてみましょう。

ミネルヴァとは「ふくろう」のことだというのは多くの人が知っていると思うのですが、古代ギリシャではアテネ神*と同一の観念的存在とされていました。それは「知恵の神」であると同時に、「戦術の神」という意味を含んだ存在であり、それがギリシャのアテネ神とローマのミネルヴァ神*との共通する特徴だといわれております。

これはなかなか、いいえて妙なところがある。普通でしたら、戦争こそは人間の実践の究極の場面であって、知識と戦争は別次元のものだと考えられます。そうであればこそ、「ミネルヴァのふくろうは夜に飛び立つ」とヘーゲル*はいった。ミネルヴァのふくろうという智恵の神は、「状況とはなんだろう」と考えている。その考えは、状況から一歩も二歩も遅れてしか組み立てられない。夜になってか

アテネ神
ギリシャ神話の女神。オリュンポス十二神の一柱。

ミネルヴァ神
ローマ神話の女神。聖鳥はふくろう。古代ローマではカピトリヌス丘のユピテル神殿にユピテル、ユノとともにまつられる。

フリードリヒ・ヘーゲル
一七七〇年生まれ。ドイツ観念論を代表する哲学者。『精神現象学』など。

らやっと、状況は何であったか解釈し、結論づけるのですね。「夜に飛び立つ」、それが「知識と実践の時間的なへだたり」なのだ、とヘーゲルは考えたのです。

一方、古代ギリシアや古代ローマでいわれた「知識」とは、「生活の知恵」とか「実践の智恵」とかいったことで、行為と直結したところで考えられていました。

たとえば、テクノロジーのことを、古代ギリシャでは「テクネー」とよんでいて、生活の上で役に立つ知識、すなわち「包丁の使い方」や「女房との喧嘩のしかた」などといった、実践的な意味合でつかわれていました。陽明学*的にいえば「知行合一」、知識と行為の合一のところに智恵というものが発生するということですね。そうでなければにせものの智恵であり、人工的な、観念の次元を上滑りする、いってみれば朱子学*的な智恵にすぎないということです。

私は、今の状況をどう見据えるかを考えるにあたって、日常用語でいうＴＰＯ（Time, Place, Occasion）つまり、「時と所と場合」を押さえる必要があると考えます。それはまさに、「夜に飛び立つ」ミネルヴァのふくろうにとどまってはおれない、ということなのですね。

ここで私は経済について語るのですが、いまの経済の状況にたいする経済学者

陽明学
王陽明が説いた儒学の一つ。中国の明代に提唱された。知行合一・心即理・致良知といった考え方がある。

朱子学
南宋の朱熹が確立した新しい儒学。江戸幕府の正学とされる一方、尊王論にも影響を与えた。

や経済評論家や経済ジャーナリストがどう分析し、どう発言しているかをみると、本当に状況に直結しているのか、大いに疑問であると考えざるをえません。彼らが状況の旗振りをしているにかかわらず、いつも状況の進展に裏切られるということが、平成に入ってから、五年、一〇年はおろか何十年と続いている。それがいまの、「経済知」の状況です。つまり、知識と実践のへだたりが最も目立つ学問、評論、報道の分野、それが「経済知」ということになっている。

そういえば一九世紀なかば、カール・マルクス*という有名な人が、「これまでの哲学は、世界を解釈してきた。しかし、自分の哲学は世界を変革するためのものだ」という「実践的認識論」を出した。しかし、そのマルクス経済学にしても、状況にたいしてなに一つ有効な解釈、説明を加えることができず、状況から立ち後れてしまっている。にもかかわらず、経済知の全般にたいして、知識界からは根本的な批判も批評も解釈も、何も行われていないというのが現実です。もちろん不平不満は、随所にぶつぶつと泡立ってはいる。けれども、それが体系化されず、状況の波間に浮かんだり沈んだりするような、英語でいえばgrievance（不平）が積もるだけ、の状態にある。

それどころか、「現代の知恵の最先端」を自称している経済知は、経済をめぐ

カール・マルクス
一八一八年生まれ。ドイツの経済学者・哲学者・革命家。『共産党宣言』『資本論』など。

るパワー・ゲームの「自己正当化の屁理屈」として利用されている気配が濃厚です。その詳しい内容については、これから少しずつ触れていきますが、経済知という知識が、パワー・ゲームに悪用されている傾きが非常に強い。しかも、このパワー・ゲームは、まるで戦争同然の、むき出しの国家間の力の衝突に立ち至る、rationalizationというべき状況となっています。rationalizationは、直訳すると「合理化」ということですが、心理学では「自己合理化」、つまり自己正当化という意味で用いられます。その正当化のための理屈に、経済知が利用されているきらいがある。

戦争の「戦」という字を語源において解釈すると、武器の「矛」という意味です。経済知が戦争も同然のパワー・ゲームの「武器」として用いられている。この状況から脱して、経済知の内面に踏み込み、人びとの納得する、後世に貢献できるような、「知行合一」を目指した経済知、それが今こそ求められているのではないかと私は思っています。

「知識と戦争の神」であるミネルヴァが白昼に飛び立つ必要があります。この世界状況を解釈し、分析して、現代人がふたたび「飛び立つ」実践に役立てること、それがいま一番求められているということなのではないでしょうか。

2　取引のスタンピード

いうまでもないことですが、国内経済においても国際経済においても、商品取引の範囲や速度が急速に拡大しているということは認めなければなりません。

ところが、経済学で goods and survice（財・サービス）といわれている実体商品にしても、貨幣商品の分野でいわれる象徴商品であれ、その取引はおおよそ四半世紀のあいだ、ほとんどレッセ・フェール（laissez-faire：自由放任主義）の状態に任されてきました。その結果、優勝劣敗はおろか、弱肉強食の、ジャングルのサバイバルめいた、過酷な取引が進行してきたのです。

思えば、「優勝劣敗」とは不変の社会法則のようなものです。すぐれたものが勝ち、劣ったものが負けるのは、競争の原理からいって当然なのだけれども、優勝劣敗が極端まで進むと「弱肉強食」となるわけです。すなわち、弱者は負けることが運命づけられ、強者は絶対に勝利する。そしてその勝負の結果は過酷なものです。勝った方は過大な利益を総取りし、負けた方には過酷な損失がもたらされます。

それを私は、「あたかも戦争のような状態」と形容したのですが、その結果として、二〇〇九年現在ただいまの状況は、敗者が死屍累々と積み重なるということだけではありません。勝者もまた、競争相手を失うせいで、次々と斃れ、「共倒れの様相」とでもよぶべきものを呈しております。これは、レッセ・フェールの勝者・強者が驕り高ぶって、かちどきの声を上げたものの、あたかもブーメランのように勝者の放った武器が我が身にふりかかってきているという状況です。これが世界金融危機*の姿なのだと思います。

それは、優者強者が武器として放った「信用拡大」が自分自身を大きく傷つけているという状況です。貸付金を回収できない、発行した証券が売れないという形で、自分自身を傷つけるという顛末になっている。世界最強国のはずであったG8*(group of eight) などの great super power の国々が、「息も絶えだえ」というのは言い過ぎだとしても、途方もない苦境にいま放り込まれているのです。

具体例をあげるのはいまさらですが、たとえばアメリカでは、投資銀行として権勢を誇ったリーマン・ブラザーズ*が倒産の憂き目に遭い、自動車産業ではGM、フォード、クライスラーの「ビッグスリー」が、連邦政府によって bailing out を受けている。bailing out は「緊急経済安定化法*」など「救済」の意味で訳され

世界金融危機↓サブプライム・ローン問題
サブプライム・ローンとは、米国の金融機関が信用力の低い低所得者に貸し出す住宅ローンのこと。米国で住宅ブームが本格化した二〇〇四年ごろから貸付が増大した。しかし、二〇〇六年に住宅価格が下落、返済の延滞率も上昇した。これにより、資金繰りの悪化が起こり、翌年には米住宅金融大手の経営危機が明らかとなった。証券化された住宅債権を保有していた金融機関は多大な損失を被り、世界の金融市場を大きく揺るがした。

G8
アメリカ合衆国・イギリス・フランス・ドイツ・イタリア・カナダ・日本・ロシア連邦の八ヶ国の首脳および欧州委員会の委員長が参加する主要国首脳会議。

ていますが、そんな生やさしいものではない。国家による直接救済、それがbailing outだと理解するのが正しいのです。

息も絶えだえの遭難者が救出される、アメリカ経済は、そういう無残な処置を受けているということです。アメリカの経済ジャーナリズムでは、冷やかし半分に「アメリカの社会主義化」とまでいわれている。個人主義の価値を標榜してきたアメリカが、政府によるbailing outの結果、社会主義をみずからよび込んでいるというわけなのです。

ロシアもまた、世界的な金融危機で傷ついています。ロシアの天然ガスや鉱物資源などにかかわる資源・エネルギー産業は、ひところの新興資本家によるバブル状態から、実質、国有化へと逆戻りしました。中国ではつい先頃の全人代*（全国人民代表者会議）において、温家宝首相*が「中国の雇用維持のためには、八%の経済成長率が必要だ」と必死の訴えをしています。その成長の可能性はともかく、それが実現できなければ、一%の失業率は、五〇〇万人の失業につながるといわれています。一〇%になれば、五〇〇〇万人の失業者となるわけです。そういう危機の綱渡りのなか、転落寸前でよろめいているのが中国経済であり、中国共産党*の統制の必要性がますます増大しています。

リーマン・ブラザーズ
一九八三年設立の大手投資銀行・証券会社。二〇〇八年、サブプライム・ローン問題をきっかけに倒産。負債総額は約六四兆円。同社の倒産は世界経済に大きな影響を与えた。

緊急経済安定化法
アメリカ合衆国で二〇〇八年一〇月に制定された連邦法。約七〇〇〇億ドルの公的資金を投入して、金融機関の不良資産を買い取ることなどを定めた。

全人代
中華人民共和国の最高国家権力機関。地方人民代表大会の間接選挙により選出された代表と在外中国人から選ばれた代表とで構成される。毎年一回開かれる。

これらの現象は、世界経済の中枢を占めているアメリカ仕込みの経営者が世界の金融経済を動かし、その結果として信用収縮のダメージが全世界に広がり、大不況がかつてない規模になったということです。

日本においてもしかり。一つだけ例を挙げますが、日本の代表的産業とされていた自動車産業は、売上げが三〇％落ち込んでしまいました。サブプライム・ショックが始まったほんの一時、「日本経済の傷は浅く、今こそ日本が最も安定した国家として世界にアピールする絶好の機会なのだ」といわれていたこともあるけれども、そうはいかなかった。日本の失業率の増大も成長率の鈍化も、そして株価の下落も、先進諸国のなかで最悪ではないかという現状です。世界各国の政府がbailimg outを続けておりますので、こうした大不況が大恐慌につながることはないでしょう。しかし、その危機の足音はつねに聞こえてくる、という状態が続くに違いありません。

アフリカその他の諸国からみれば、先進諸国のこのような現状は、stampede（大敗走）です。この言葉はもともと野牛の大群が、ちょっとした物音で逃げ惑うさまを表していて、死んで斃れるまで大敗走がやまないことを表していますが、先進諸国の経済は、まさに大草原でのstampedeめいたものになっているという

温家宝
一九四二年生まれ。一九六五年に中国共産党に入党。趙紫陽、江沢民らに仕えた。首相に相当する第六代国務院総理を務める。

中国共産党
一九二一年、コミンテルンの指導により、陳独秀、李大釗、毛沢東らによって創立された。党員数は二〇〇九年六月末現在で、約七六〇〇万人にのぼる。機関紙は人民日報。

ことでしょう。それすなわち、レッセ・フェールの結果として「弱肉強食の土俵」そのものが陥没しつつある、ということなのではないでしょうか。

3　大不況とマルクス・ゾンビ

さて、この不況を指して「一〇〇年に一度の大不況だ」という呼び方があります。これはアメリカ発のキャッチフレーズだと思いますが、もちろん、「一〇〇年に一度」というのは適当な概数に過ぎません。一〇〇年前といえば一九〇八年です。世界大恐慌*は一九二九年ですから、八〇年に一度というのがどちらかといえば正しい表現でしょう。ともかく、印象批評としていえば、一世紀に一度あるかないかの great depression（大不況）であることは間違いないといわざるをえません。

この depression という言葉は、経済学にくわしい人はよくわかっているように、もともと心理学の用語（うつ病、抑うつ状態）です。恐慌という意味の panic もそうですね。人びとが「恐れ慌てる」様子がパニックです。このように、経済学には心理学の用語が多く使われております。成長率が鈍化しているとか、失業

世界大恐慌
一九二九年一〇月二四日、ウォール街での株式市場暴落（暗黒の木曜日）を契機とする大恐慌。アメリカ合衆国はフランクリン・ルーズヴェルト大統領のもとでニュー・ディール政策を実施。これを機にイギリスやドイツが経済のブロック化を進めた。

が増えているとか、株価が下がっているという客観的な指標だけではなく、人びとの行動が depress されて、「不景気な顔つき」をさらしている。たしかにその意味では、一世紀に一度あるかないかという深刻な鬱病に現代人ははまりつつあります。

「一〇〇年に一度の大不況」という言い方はおおざっぱすぎるかもしれませんね。というのも、この話全体のテーマでもありますが、いま訪れている危機というのは、単にマーケットの状態が至るところで閉塞しているなどという生やさしいものではありません。その市場行動を行っている現代人の意識そのものが、あるいは現代人の社会関係が、もっというと、文化関係も政治関係も、すべて、一種の陥没状態に入りつつあるようにみえる。その意味では、一〇〇年に一度の経済危機というよりも、近代の出発点をフランス革命*とするならば二世紀以上にわたって、あるいは啓蒙主義*の時代も近代に含めるならば三〇〇年ぶりに、近代始まって以来の最も深刻な危機なのです。経済だけではなくて「近代主義*」という人間の考え方や振る舞いの方の総体が、収拾もつかないほどに破裂し、溶解してしまっている。つまり「近代そのものの危機」が訪れたのではないかとすら私には思われます。

フランス革命
一七八九年に起きた市民革命。封建的な身分制度や絶対王政による集権政治の旧体制（アンシャン・レジーム）を打破しようと、バスティーユ牢獄を襲撃したのが始まり。王政を廃止し、共和制を敷いた。マクシミリアン・ロベスピエール率いるジャコバン派が恐怖政治を行ったが、テルミドールのクーデターで粛清された。一七九九年、ナポレオン・ボナパルトによるブリュメールのクーデターをきっかけに共和制は廃止された。

啓蒙主義
一七世紀から一八世紀の西ヨーロッパにおいて始まった理性を重視する思想で、フランス革命に影響を与えた。

危機を英語では crisis という。あるいは danger といってもいいかもしれない。先日、私はテレビで面白い出来事を目の当たりにしました。ロシアのプーチン首相*が、ロシア正教*の主教たちの集まりに出席して、次のようにスピーチしたのです。

「クライシスとはもともと『審判*』のことである。いまや宗教者を招かなければ、ロシアのクライシスには十分対応できない」（ＮＨＫスペシャル「揺れる大国プーチンのロシア　失われし人びとの祈り――膨張するロシア正教」二〇〇九年三月二日放送）。crisis の原義はギリシャ・ラテン語にさかのぼりますが、その類語のクライテリオン（criterion）は「基準」、つまり「審判の基準」の意味に、そして critique につながります。

日本人は critique（批判）というと、人を悪し様にいうことや欠点をあげつらうことだと思っていますが、本当は「物事の限界を見定める」ということなのです。イマヌエル・カント*は『純粋理性批判』を書きましたが、もともと「限界の哲学者」とよばれることになったカントは、理性というものがどういう範囲で成り立つのか、その限界を観念論として確定しようとしたのです。

「危機の」「重大な」「決め手の」という意味のクリティカル（critical）という

近代主義
「技術の合理」に基づく産業主義の経済と「多数者の正義」を奉じる民主主義の政治とを理念とする考え方および振る舞い方のこと。

ウラジーミル・プーチン
一九五二年生まれのロシアの政治家。レニングラード大学法学部卒業後、ＫＧＢに就職。ロシア大統領府第一副長官、第一副首相などを経て、第二代ロシア連邦大統領。現在は首相。「強いロシア」の再建を目指し、国民の人気も高い。また、ソビエト連邦とは異なり、ロシア正教会を保護している。

ロシア正教会
ギリシャ正教会や日本正教会といった独立正教会の一つ。信徒数は約九〇〇〇万人。ソビエト連邦時代は激しい弾圧を受けた。

言葉は、同時に「臨界」という意味も持っています。一九九九年、東海村の原子力施設で臨界事故*が起きました。つまり、作業員のミステークで核融合の限界(critical line)が突破されてしまった。クリティカルには「本質的」という意味があるけれども、本質的とは限界を見きわめるところにある。それを突破してしまったら、物事の本質が失われてしまうのです。

私が示唆したいのは、近代人の精神と行動のクリティカル・ラインが、すでに突破されたとまでは断言できないけれども、限界にまで達していて、近代主義の振る舞いが至るところで臨界あたりをさまよい、何の criteria（基準）もなく、人々がうごめくしかなくなっているということです。その限界状態において、「一〇〇年に一度の大不況」などというものより深刻な、近代始まって以来の危機に現代世界は見舞われているのではないでしょうか。

そのことの例証になるかと思いますが、私には、カール・マルクスがゾンビとなって、いま墓場からよみがえっているように思われるのです。

マルクスが『Das Kapital（資本論）』で書いたことは、科学としては私には間違いだらけだとしか思われない。『資本論』は近代資本主義というものの状況を物語風に描いたもの、とみなすべきです。それを読み解く秘密の鍵は、近代人の

最後の審判
新約聖書のヨハネの黙示録にある神の審判。イエス・キリストが復活し、裁きを行うとされる。

イマヌエル・カント
一七二四年生まれ。プロイセン王国出身の哲学者。近代ドイツ哲学の祖といわれる。三批判書といわれる『純粋理性批判』『実践理性批判』『判断力批判』を出版した。

東海村ＪＣＯ臨界事故
一九九九年九月三〇日、茨城県東海村にあったウラン燃料加工会社のＪＣＯ東海事業所で起きた核の臨界事故。作業員三人のうち、二名が亡くなった。同村にある原子力科学館には、臨界事故を起こした沈殿槽の複製が展示されている。

心理における「フェティシズム（fetishism）」、つまり物神崇拝という概念です。貨幣でも資本でも商品一般でも、モノにすぎないものが、あたかも神のように崇め奉られてしまう。近代人がそんなフェティシストの群れになったときに、資本主義経済にどれほど不公正と不安定が訪れるかということについて、マルクスは物語を著したのです。その物語はなかなかは面白いと思うけれども、『資本論』が書かれた一八六七年から一四二年が経過したいま、その本心はいざしらず、現代人は、あたかも「フェティシスト＝物神崇拝者」、あるいは「マモニスト＝拝金教徒」よろしく、まさに魔物となって動き回っている、その姿が全世界に現出しており、その結果として経済社会の至るところに、マルクスが予告したのに似た不公正と不安定が、マルクスの時代よりももっと大規模に、もっと深刻に進行しているのです。

「アメリカの社会主義化」が冗談半分で語られるいま、社会主義のイデオロギー的始祖というべき、マルクスの資本主義にたいする「予言」が、不公正と不均衡のはなはだしい拡大という背景のなかで、あたかも墓から甦えるゾンビのように、世界の至る所で的中しつつあるのです。

それもそのはず、バラク・フセイン・オバマ大統領*は施政方針演説で七五兆円

バラク・フセイン・オバマ　第四四代アメリカ合衆国大統領。イリノイ州議会議員、合衆国上院議員を経て、大統領に就任。アメリカ初の黒人大統領で、就任式には全米からおよそ二〇〇万人の観衆が集まった。

の景気対策を行うと言明しましたが、その後すぐ、一五〇兆円にならんとする、民間企業の bailing out（救出）を行うことを明らかにしました。それが本当に実行できるかどうかはともかく、マルクスの提唱した社会主義が、実際に端緒についたのかと思わされます。しかも、それがアメリカという社会主義を蛇蝎のごとく嫌ってきたはずの国でのことだと考えると、「ゾンビの復活」ではなく、生けるはずの現代人が死せるゾンビとなって、マルクスの予告どおりうごめきはじめているようにみえます。

そう考えると、「一〇〇年に一度の大不況」などという安直なものではなく、いまは「近代主義が乗り越えられるかどうか」の瀬戸際であるといえます。近代主義が、長い断末魔の悲鳴を上げはじめている。そのことに、私たちは耳を傾けざるをえないのです。

4　アメリカン・ヘゲモニーの終焉

アメリカン・ヘゲモニー、すなわち「アメリカの覇権」について考えてみましょう。

第一次世界大戦が終わったときから、世界の覇権はアメリカに移行しはじめました。その動きが第二次世界大戦で決定的になって、一九五〇年代、六〇年代はアメリカの覇権は圧倒的なものになりました。一方では社会主義のソ連の覇権との冷戦が繰り広げられていましたが、自由主義圏においては、アメリカが唯一最大のヘゲモニック・パワーを発揮することになったのです。

しかし、そのアメリカン・ヘゲモニーが退潮に向かっている。いまや、世界中が遅ればせながらそのことに気づきはじめているところです。思えば六〇年代の末から、アメリカは、ベトナムにおける実質的な「敗戦*」を通じて、その力量と名声の両面で失墜に陥ったのです。そうであればこそ、一九七〇年に入ってのいわゆる「ニクソン・ショック*」とよばれている金兌換制の廃止と変動相場制への移行と（ベトナム戦争をめぐって敵対していた）中国との国交回復があった。国内的にも、ベトナム戦争への反省から、青年層による反乱――これは「ヒッピーイズム*」を中心とする文化運動でもありましたが――が起こりました。さらにカーター*民主党政権になって、対イラン政策で醜態をさらし、経済的にも日本などに追い越されていったのです。

一九八〇年代に入ると、その傾向がさらに顕著になりました。八五年のプラザ

ベトナム戦争
ベトナム民主共和国（北ベトナム）、ベトナム共和国（南ベトナム）の統一をめぐる戦争。第二次インドシナ戦争ともいわれる。ドミノ理論を根拠にアメリカ合衆国は一九六二年、南ベトナムを支援、その後、北爆を行った。一九七六年に南北統一選挙が行われ、ベトナム社会主義共和国が誕生した。

ニクソン・ショック
第三七代アメリカ合衆国大統領リチャード・ニクソンがドルと金との交換停止を発表。一九七三年には変動相場制に移行し、ブレトン・ウッズ体制は崩壊した。

ヒッピー
一九六〇年代、ベトナム戦争への反対運動などをきっかけに、愛や平和、自然への回帰に傾倒した若者た

合意*は、当時のＧ５*によるアメリカにたいする為替の不均衡の是正のため、つまりアメリカの貿易赤字を為替で調整して解消するための合意でした。そして、その際に行われた内需拡大要求を中曽根康弘*内閣は素直に飲んでしまったのです。プラザ合意でもたらされた急激な円高で苦しむ輸出産業を救済するという意味もあって、中曽根政権は大幅な金融緩和に踏み切りました。日本経済の流動性を高める、つまり貨幣を散布する、それがゆゆしき結果をもたらすであろうと警告したエコノミストは、すでに故人となられましたが、名古屋大学の飯田経夫*先生でした。

ちなみに、そのときの私は、卑しい職業からできるだけ離れようと思って経済評論はしなかったのですが、あまりにも単純なことですから、「プラザ合意による内需拡大を受け入れたら、日本社会は壊れてしまう」と、強く主張していました。一番手が飯田先生、二番手が私で、後ろをみると三番手は誰もいないという状況が八〇年代の後半の状況でしたね。

飯田先生や私がやったのは、高校生でもわかる程度の単純な予測だったのです。あの当時の日本人は、高度経済成長*を経験して、たいていの耐久消費財はすでに手に入れていました。自分たちの欲望・欲求で未充足であるのは、マーケットの

ちのこと。

ジミー・カーター
一九二四年生まれ。ジョージア州知事を経て、第三九代アメリカ合衆国大統領。在任中の一九七九年、イランでアメリカ大使館に対する占拠及び人質事件が発生。翌年四月、人質救済のため「イーグル・クロー作戦」を発令したが失敗した。

プラザ合意
一九八五年九月、Ｇ５による為替レートに関する合意。これ以降、日本では円高ドル安傾向が強まった。

Ｇ５
アメリカ合衆国・イギリス・ドイツ・フランス・日本の先進五ヶ国による財務大臣・中央銀行総裁会議。一九八六年にはカナダとイタリアが加わりＧ７となった。

商品というよりも、公共財方面だったのです。学校や、病院や、社会のインフラストラクチャに、日本国民はより強いニーズを感じていたのです。つまり、マーケットの外に本当のニーズがあった。

マーケットに金をばらまけば、その金はどこにいくのか。マーケットにおいて人々の欲望が未充足であったような特殊な分野の商品、それに向かうしかありません。それがすなわち土地および住宅、そしてゴルフ場などのレクリエーション施設でした。住宅にかんしては、狭すぎるとか、いつかは持ち家を持ちたいとか、日本人が未充足を感じていた分野であることは間違いないでしょう。ゴルフについてはどうか。私自身はゴルフ・クラブを一度も握ったこともないし、ゴルフ・ボールはみるだに嫌らしいものですから、触りもしないのでよくわかりませんが、ともかくそういう「あそび」の分野にマネーは流れ込んだのです。そこに起きるのは、中学生でも高校生でもわかるように、土地バブル、建設バブル*でしかなかったということです。

過ぎにし四半世紀前のプラザ合意。本来ならばそこで、「マーケットには限界がある」ということに気づくべきでしたし、「金を放り込んだらマーケットに何が起こるか」ということに思いを致す必要があったのです。そこから起こった

中曽根康弘
一九一八年生まれ。初当選は一九四七年。以後、連続当選を果たし、一九八二年には内閣総理大臣に就任（第七一代～第七三代）。国鉄、電電公社、日本専売公社の民営化を行った。

飯田経夫
一九三二年生まれ。名古屋大学名誉教授。『高い自己調整能力を持つ日本経済』（『現代経済』七九年冬号）で第一回石橋湛山賞受賞。

日本の高度経済成長
年平均一〇％の経済成長率を生みだした一九五〇年代半ばからの約二〇年間を指す。一九六八年には国民総生産が資本主義国家のなかで第二位となったが、公害も発生し、水俣病や四日市ぜんそくなどの公害病を引き起こした。

「バブル経済」の状況は、狂気の沙汰だったといえるでしょう。「日本的経営*に問題があった」とか、「市場の活力を喚起するべきである」とかいうのは的外れの議論です。マーケットの外部にこそ主要な問題があったのだと早く気づくべきでした。それなのに、マーケットの内部の問題として、民間活力・市場活力を喚起せよ、政府の介入・規制に問題があり、という一八〇度間違った意識を持ったまま、日本人は平成の時代に入ることになったのです。

平成に入るやバブルは破裂して、日本は「失われた一〇年*あるいは一五年」とよばれる時代に沈んでいきます。これは「改革の機会を一〇年、一五年にわたって見過ごしにした」ということですが、ふざけた話です。真相は、「構造改革」の名の下に、日本経済のアメリカナイゼーションを完成に至らせる勢いが強くなり、「日本的なものが長きにわたって失われつづけた」ということでした。この構造改革については、後で詳しく述べたいと思います。

一九六〇年からのベトナム戦争の頃から始まっていた「アメリカン・ヘゲモニーの退潮から終焉へ」という状況を下支えしてしまい、その死を延命させてしまったのは、戦後日本人に典型的にみられるような、アメリカニズム、別名「純粋近代主義」というべきものにたいする信仰だったと思います。しかし、その思い

バブル経済
株式や土地などの資産価格が、投機目的によって適正価格から大幅に上昇したときの経済状況。日本でのバブル経済は、一九八五年のプラザ合意に基づく内需拡大がきっかけといわれており、一九九〇年に実施された総量規制が崩壊の理由の一つとみられている。

日本的経営
年功序列、終身雇用、企業別組合が「三種の神器」といわれる。このほか株式持ち合い、護送船団方式といった特徴が挙げられる。

失われた一〇年
バブル経済崩壊後の長期不況を示す言葉で、「構造改革」が上首尾に遂行されなかったことを意味する。一九九〇年代前半から二〇〇〇年代前半までの約一〇年間を指すといわれている。

込みも空しく、アメリカ金融・情報経済の破綻によって、アメリカニズムは終焉を迎えざるをえないという事態に至っているのです。

そうかといって、超大国のヘゲモニー自体は、ある日突然現れたり、消えてなくなったりというほどドラスチックに動くものではありません。かつてイギリスのポンドが退潮に至ったのは、二次にわたったボーア戦争*が終結した一九〇二年のことです。これが最初の帝国主義戦争といわれていますが、イギリスは大苦戦を強いられ、そこでポンドの退潮があからさまになる。しかし、最終的にポンドが世界の王座から滑り落ちるまではさらに時間がかかりました。第二次世界大戦後の一九四六年、アメリカのハリー・ホワイト*とイギリスのジョン・メイナード・ケインズ*が創設した国際通貨機構ＩＭＦ*をめぐるせめぎ合いのなかで、アメリカが圧勝し、イギリスの覇権は消失しました。ポンドが完全に凋落するまで、ボーア戦争から五〇年近くの時間がかかっているわけですから、ひとつの通貨が、凋落のきざしからおよそ五〇年かかって力を失うと想定すると、ドルは、ベトナム戦争の一九七五年から起算すれば二〇二五年ごろには完全に力を失う計算になる。もちろん、歴史はカレンダー通りに進みませんけれどね。いずれにしても、基軸通貨のトップたるドルの座が大きく揺らぎ始めていることは、いまや

ボーア戦争（南アフリカ戦争）
ボーア人（オランダ系の南アフリカ移民）によるトランスバール共和国およびオレンジ自由国をイギリスが併合しようとして起こった戦争。一次ではイギリス軍が惨敗したが、二次ではオレンジ自由国およびトランスヴァール共和国が敗北。イギリスに併合された。

ハリー・ホワイト
一八九二年生まれ。第三二代アメリカ大統領であるフランクリン・ルーズベルト政権で財務次官補をつとめた。ソ連の諜報員であったともいわれる。

ジョン・メイナード・ケインズ
一八八三年生まれ。イギリスの経済学者で、アルフレッド・マーシャルの弟子。有効需要の原理を提唱した。一九四五年、ＩＭＦの設立

歴然としております。

そうなると、世界全体の政治や文化も含めて、世界はマルチポラリティ(multipolarity)、すなわち多極化の時代に入ったといわざるをえません。アメリカのunipolarity（単極）はあっというまに終わったのです。

二〇〇一年にニューヨークで同時多発テロ*が起き、アメリカは二〇〇二年にアフガンに侵攻*し、そして二〇〇三年にイラク戦争*を開始しました。ほんの五、六年前、圧倒的な戦力を持ってアフガン、イラクを襲った「アメリカの一極支配」は揺るぎようがないようにみえました。「一極支配がさらに強まっている」と強弁する人たちもいました。しかし、それはイリュージョン、幻にすぎなかったのです。

自慢ではありませんが、私を含むほんの少数の人間が、こうした日本人の言動に小泉純一郎元首相の口真似をすると、「笑っちゃうほど呆れて」おりました。イリュージョン（illusion）の原義を調べたことがありましたが、これは「からかう」という意味なんですね。たかだか武力を使っただけで「アメリカがますます世界に君臨する」とは、アメリカの一極支配論者は当のアメリカを「からかっている」のか、と私たちは発言しておりましたが、結局、アメリカはからかわれて

に携わり、総裁に就任。『雇用、利子および貨幣の一般理論』など。

ＩＭＦ　国際通貨基金（International Monetary Fund）。一九四四年のブレトン・ウッズに基づき、四六年三月設立。国際通貨システムの安定維持が目的。加盟国に対し、経済の安定と成長のために技術支援などを実施している。日本は一九五二（昭和二七）年に加盟。

アメリカ同時多発テロ事件　二〇〇一年九月一一日、米国国内線の旅客機四機がハイジャックされ、うち二機がニューヨークの世界貿易センタービルに激突。さらに一機が首都ワシントンの国防総省ビル、もう一機がペンシルベニア州ピッツバーグ郊外に墜落した自爆テロ事件。

致し方ない状況にはまっていったといえるでしょう。

人間の体に「栄養の五元素」（タンパク質、炭水化物、脂肪、カルシウム、ビタミン）がバランスよく摂取されずに偏ってしまうと体調を崩す、という理屈を持ち込みたくなります。いかに強力な武器を持っていようとも、それを支える政治力や経済力や文化力がなければ、統治など覚束ない話なのではないでしょうか。

経済それ自体についても同じことがいえるでしょう。どれだけ金を集めようとも、それを支える実体経済、すなわち「物作りの力」がなければ、国民の経済活動はいずれ衰退してしまいます。軍事の覇権のみならずあらゆる覇権が、総合的なパワーを欠いているなら、長持ちしないのです。そのことを、せめて後追いながらも、理解しておかなければなりません。

いま、「理解」（understanding）という言葉を使いましたが、ドイツ語では verstehen となります。「stehen」は「立つ」で「ver」は、「～に向かう」という意味です。つまり「状況に立ち向かう」のが「理解」ということです。英語でもっとわかりやすいのは、「comprehend」でしょう。ふつうは「包括する、総合する」と訳されますが、同時に「理解する」とも訳されます。パワーを理解し、それを掌中のものにしたいのであれば、パワーの諸要素を comprehensive に、

アフガン戦争
二〇〇一年九月一一日に発生したアメリカ同時多発テロの首謀者とされた「アル・カーイダ」への報復として、アメリカ合衆国はアフガニスタンのタリバン政権に対し武力攻撃を行った。

イラク戦争
二〇〇三年三月、当時のアメリカ合衆国大統領であるジョージ・ブッシュが、イラクの大量破壊兵器の発見などを理由に、国連安全保障理事会ではっきりとした決議がないまま強行した戦争。英国も参戦した。同年五月、ブッシュ大統領は戦争終結を宣言したが、その後もテロやゲリラによる抗争が続いた。暫定政府、移行政府を経て、二〇〇六年に正式政府が発足。また、同年一二月サダム・フセインの死刑が執行された。

すなわち包括的、総合的にとらえる必要があるのです。それができなければ、そのパワーはたかだか一時のものに終わる、ということをアメリカ自身が一九六〇年から半世紀間ほどかけて実証してきたといわざるをえません。

5 「おもしろうて、やがて悲しき」まつりごと

アメリカン・パワーの混乱と衰退のなかで、八割のアメリカ国民が、「自分たちの国は、間違った方向に進みつつあるのではないか」という自己不安を抱き、その不安に押されて、バラク・フセイン・オバマという「新黒人」(newblack)が大統領になるという、たしかに歴史的な大事件が起こりました。その熱狂は、アメリカ人のみならず日本人をも飲み込み、「オバマ・ブーム」に酔いしれるという光景がみられました。

その「ブーム」は、アメリカ人の自己不安に発するものです。自分たちの国は、いま衰退の憂き目に遭っている、これに耐えるためには何とか希望・情熱をかき立てなければならない、という焦燥感をアメリカ人たちは抱いております。もう少し大きくとらえると、パパ・ブッシュ*に始まり、ジュニア・ブッシュ*でクライ

ジョージ・H・W・ブッシュ 第四一代アメリカ合衆国大統領。一九八九年、当時のソビエト共産党書記長であるミハイル・ゴルバチョフとのマルタ会談で冷戦の終結を宣言。一九九〇年八月のイラクによるクウェート侵攻では、多国籍軍を主導し、戦局を優位に進めたが、国内の景気は後退。一九九二年の大統領選挙でビル・クリントンに敗れた。

ジョージ・W・ブッシュ 第四三代アメリカ合衆国大統領。第四六代テキサス州知事を経て、二〇〇〇年に大統領選挙に就任、二〇〇四年には再選を果たした。アメリカ同時多発テロ発生後に「テロとの戦い」を宣言。二〇〇一年にアフガニスタンに侵攻、二〇〇三年にはイラク侵攻を指示した。

マックスに達した、アメリカ人の軍事的熱狂の果てにやってきた深い自己不安、それがオバマへの無理矢理の熱狂をもたらしました。そして、ワシントンDCで行われたオバマの大統領就任式には二〇〇万人のアメリカ人が集結するという「珍妙な出来事」が出現したのでした。

オバマ演説にかんする評価もいっときブームになりましたが、つぶさに観察すれば、その趣旨は、日本人が受け取っているような希望の表明でも、「ニュー」ニューディールの雄叫びでもなく、以下のようなものであることがわかります。

その象徴的な言葉は、「worn out dogmas」すなわち、「使い古されたドグマ」はもうやめようというものです。あとでくわしく述べますが、「使い古されたドグマ」とはアメリカン・デモクラシーであり、アメリカン・フリーダムであり、最近の経済現象に即していえばアメリカン・キャピタリズムであり、アメリカン・マーケット・ファンダメンタリズムであります。そういったアメリカ的に「履き違えられた自由」をふりかざすのはやめよう、とオバマは叫んでいるのです。

オバマが唱えている政策をみれば、予算面でいえばbig government（大きな政府）を志向しています。レーガン*政権で否定されたはずの公共事業を基礎に「大

ロナルド・レーガン
一九一一年生まれ。第四〇代アメリカ合衆国大統領。ソビエト連邦を「悪の帝国」と名指しで非難。反共主義運動を支援したが、中南米では反共ゲリラによる内戦が激化した。国内においては、レーガノミックスにより「小さな政府」を志向した。

きな政府」をもう一度構築して、経済はいうに及ばず、アメリカ社会全体の土台構築にとりかかろう、それが、実現可能性は別として、新しいアメリカの方向性であり、「使い古されたアメリカのドグマを棄てよう」ということの意味であります。

ドグマ、という言葉も面白いものです。その元々の意味は、辞書を引くと「to seem to be good」つまり「よいことのようにみえる」ということです。それが「独断」の意味なんですね。「ちょっと見」、つまり「管見」のことです。橋幸夫の歌「潮来の伊太郎」にも「ちょっと見なれば」という歌詞がありますが、ちょっと見すれば、「to seem to be good」いいじゃないかいいじゃないか、と熱狂してしまうのがアメリカン・フリーダム、そしてそこから派生したすべてのアメリカン・イデオロギーの本質です。ニューブラック・プレジデントは、どこまで深く考えているかはわかりませんが、「われわれはそのドグマを根本的に見直さなければならない」といわざるをえなかったのです。

もう一つ、あの演説のミソは「コリント書*」からの引用でした。「the time has come to set aside childish things」「(われわれは若い国民だが) 子どもっぽいことはもうやめよう(コリントの使徒への手紙一、13-11)」。では、子どもっぽい

コリント書
新約聖書のなかにある、使徒パウロと協力者テモテからコリントの教会に送られた手紙。

事柄とは何なのか。

これは誰でも気がつくことばかりです。たとえば日本は、Ｇ８諸国のなかで、対人口比での公務員の数が最も少ないほうです。しかし、そんな日本にたいして、さらにsmall government（小さな政府*）を要求するというのは、誰がどう考えたってチャイルディッシュな要求ですね。また、プラザ合意やニクソン・ショックまで振り返ってみれば、経済に限定していうなら、アメリカの要求や干渉がなければ、日本経済はきわめて順調なパフォーマンスを上げ、伸びつづけることができたのではないかと私は思う。そういう日本にたいして、アメリカは「年次改革要望書*」を突きつけて、次々と日本経済をアメリカナイズしてきたのです。日本もそれを喜んで受け入れました。一九九三年に始まるアメリカのそうした対日改革要求もまた、「childish thing」である、そういうことをやめよう、というのがオバマのいうところの「change」の実質的な意味だと読まなければなりません。

面白いことに、アメリカの本流をなす、「childish な民主主義や自由主義」、それを地球上のあらゆる領域に押し広げようという要求に、いままで「改革」という名前が付けられていたのです。オバマが目指すのは「改革の改革」です。本人の意図はともかく、事の流れからしてそういうことになるほかありません。

小さな政府
蔑称としては夜警国家。政府の民間部門への介入を最小限にとどめる考え方。

年次改革要望書
日本とアメリカ合衆国のあいだで毎年交換される規制緩和などの要望に関する文書。アメリカ合衆国から日本への要望はこれまで、郵政民営化や法科大学院の設置などがある。

それにもかかわらず、日本の愚かしきこと限りないエコノミストたちは、「改革」という言葉に反応して、これまでのアメリカ流の改革路線に内心では大きな疑念を抱きながら、はっきりとノーを唱えることができない。アメリカの太鼓持ちをやったような小泉純一郎*元首相は引退を表明しながら、「小泉改革にケチをつけるな」とばかりに時折に顔を出しておりました。それに群がったマスコミ人士や、childish な「小泉チルドレン」の流れを汲む者たちが、政局の一角で黄色い声を上げているということがまだ続いております。しかし、オバマの登場という二〇〇九年初頭の光景は、「アメリカニズム」にいよいよもってはっきりとした形でピリオドをうつ時期が近づいている、ということなのだと思わざるをえません。そうであるにもかかわらず、この夏に衆院選で圧勝した民主党は、一方で小泉改革を批判しながらも、役人批判や地方分権などにおいて、過ぎにし平成改革の尾鰭を相も変わらず振りつづけているのです。

小泉純一郎
一九四二年生まれ。一九七二年、衆議院議員初当選。二〇〇一年に第八七代内閣総理大臣に就任。二〇〇二年、北朝鮮を訪問し初の首脳会談を実現。二〇〇五年八月、郵政民営化関連法案が否決されると、解散を強行した。九月、再び首相に就任。翌月、郵政民営化関連法案が成立した。

6 原理なき教条主義

「経済のアメリカニズム」は一九九〇年代から二〇〇〇年代の初頭にかけて、

market fundamentalism（マーケット原理主義）として大いに称賛され喧伝されました。

これも奇妙な言葉遣いです。本来、原理（fundamental）とは、根本のことです。根本を外れたら、どんな人間も国家も動乱に巻き込まれてしまうでしょう。根本主義はまことに大切なものなのです。「マーケットの根本に忠実であれ」というのは、いったいどういうことなのか。ファンダメンタルという言葉を、アメリカはポジティブに遣い、その批判派はネガティブな意味で遣っている。たとえば、「イスラム原理主義*はよくない」というような使い方をします。これも考えてみれば、「からかう」しかない言葉づかいです。原理の一部をのみふくらませ強化するのは、「ドクトリネアリズム（doctrinairism）」、つまり教条主義でしかありません。言葉をつかう動物であるはずの人間が、言葉の意味づけにたぶらかされている。まさに皮肉な状況で、いってみればオナガザルが自分のしっぽを回しすぎて脳しんとうを起こしているような光景なのです。

まともな「原理」であるならば、包括的であるはずです。人間存在なり、社会の実在なりについて、おおよそ包括的に理解できる方向を指し示すからこその「原理」なのですね。いま、世間で「原理主義」として非難されているのは、包

イスラム原理主義　一八世紀にアラビア半島で起こったイスラム教改革運動であるワッハーブ運動がはじまりとされる。イスラム復興主義。

括的なはずの原理の、ほんの一部を取り出して極大化させている類のものです。これこそが「教条主義（doctrinairism）」で、これが経済に応用されたときに、俗称の「マーケット・ファンダメンタリズム」として現れたのだということを忘れてはならないと思います。

現象面からいえば、石油がいい例です。昨日まで一バレル五〇ドルであったものが、今日は一五〇ドルまで跳ね上がり、明日はまた五〇ドルに急落となるような価格の乱高下を繰り返しました。石油という、現代の物質文明の基礎となるエネルギーについて、これだけ市場が動乱に見舞われるのはどうしてか。景気の拡大によって中国など新興国の石油需要が大きくなるだろうという予測のもとに、投機資金が一挙に流れ込むことによって、市場が狂乱に舞っているからだと思われます。「市場原理のほんの一部の極大化」というわけです。

もう一つ例を挙げましょう。もともと生産要素は、資本財であれ労働サービスであれ、そう簡単には国際間を移動できないものでした。そうした移動性のことをシフタビリティ（shiftability）といいますが、今や、資本といっても金融資本が安価な労働力を求めて、国境をどんどん超えて移動するようになりました。たとえば、中国への生産拠点のシフトです。ところが、中国の生産性や品質が上がらないとなったら、そこから一挙に引き上げが起きるということになります。労働の移動においても、ヨーロッパにおいては元東欧諸国、たとえばポーランドがそうですが、ＥＵ*に加入して人間の移動がビザなしで可能になったとたんに、大量のポーランド人がイギリスに仕事と金を求めて流れ込むという現象が起こりました。しかし、イギリスの金融バブルが破綻すれば、本国に帰らざるをえなくなるか、イギリスに滞在を続けて、ホームレス同然の階層に沈むことになります。他方で、ポーランド自体の労働も、他国のさらに安くて劣悪な労働力が充てられているので、産業が空洞化して壊滅の危機に瀕している。それで、国に帰った優秀な労働者も、仕事がみつからない。

このように、生産要素のシフタビリティが過剰になれば、市場の構造そのものが破壊されていきます。しかしこれは、市場原理主義の間違いではありません。もともと市場は、このような移動性を前提にしては考えられていなかったし、こんな過剰な価格変動に見舞われるような可能性を見込んでおりませんでした。マーケットの本質を見誤っている、それが通称されている「マーケット・ファンダメンタリズム」なのです。

ＥＵ　欧州連合（European Union）。一九九二年に調印された欧州連合条約（マーストリヒト条約）により誕生。域内の国境の多くで入国・税関審査が廃止されている。二〇〇二年には一二ヶ国で単一通貨ユーロの流通がスタート。二〇〇七年スロヴェニア、二〇〇八年キプロスとマルタ、二〇〇九年にはスロヴァキアがユーロを導入した。

7　ふたたびマルクス・ゾンビについて

「マルクスのゾンビ」は、どうして現れたのでしょうか。それは現代資本主義が、「グローバリズム」という観念を歓迎したところに端を発しています。結論を先取りすると、二〇世紀末から二一世紀にかけて起こっているのは、グローバリズムではなくて、日本語でいうと「高度国際化」にすぎないのです。

「国際」とは、国と国の際（きわ）のことです。そこでは国というものが前提になっている。その「際」の範囲が拡大し複雑になっているという現実がたしかに起きている。それを押しとどめるのは、近代文明を認めるかぎりは不可能だし、おそらくは有害だと認めるほかないでしょう。

しかしこの趨勢は、あくまで国際化の範囲が広がり深まっていることにすぎない。「グローバリゼーション」はこの「国際化」のことではないのです。「globe」は球形という意味で、「地球」のことも意味しています。だから、「グローバリズム」という言葉が説得力を持つのは、地球物理学の方面、あっさりいえば「環境問題」においてなのです。

たとえば中国の黄砂*が日本に流れてきて、それが人体に悪影響を与えている。国境を超えて環境悪化の影響が及んでいるので、それを論じるにはグローバリズムの必要を認めざるをえないのです。では、具体的にどのような対応をとるべきかという話になると、京都議定書*がはしなくも露呈したように、二酸化炭素の流出削減量についての合意がまったくできない。つまり問題が具体化した瞬間、かならずやそこに「国」が姿を現すのです。

ここで私が指摘したいのは、ある概念をとらえるには、抽象と具体の両面をみきわめなければならないということです。ある現象について具体的にどうはたらきかけ、どうチェックするのかという話になると、かならず国家が顔を出す。internationalという言葉をみればわかるように、今進んでいるのは、結局のところ、nation（国）とnationのinter（際）における現象にすぎないということです。

advancedあるいはexcessiveなinternationalnessつまり「高度あるいは過剰な国際性」という程度に、今の世界にかんする理解をとどめておくべきでした。それなのに（いまは懺悔することしきりらしい）エコノミストたちが宣伝の役を買って、「グローバル・スタンダードの確立」を宣言してしまったのです。つまり、「国際間のstandard（基準）が必要だ」と彼らは主張しはじめました。これこそ

黄砂
ゴビ砂漠、タクラマカン砂漠などから強風に乗って運ばれてくる。春に多い。

京都議定書
一九九七年に「地球温暖化防止京都会議」で議決した議定書。正式名称は「気候変動に関する国際連合枠組条約の京都議定書」。日本はマイナス六％、アメリカはマイナス七％、ＥＵはマイナス八％と削減目標が設定された。

が途方もないイリュージョンです。そんな基準は、神や仏など人類を超越する存在にならなければできないはずではありませんか。いまの世界でそんなことが曲がりなりにもできる存在があるとするならば、それは次のようなことしか考えられません。

まず、最強のヘゲモニック・パワーを持っているのはアメリカです。そのアメリカが基準を決めれば世界がそれに従う。日本の考え方がそれです。アメリカの著しい退潮を見抜けず、アメリカが唯一のスーパーパワーだと思い込み、アメリカの基準に従うのがグローバル・スタンダードだとみなし、アメリカの持ち出す数々の構造改革要求を飲むという愚挙に平成日本は走ってしまったのです。

さすがに西欧諸国は、歴史感覚が強いおかげで、アメリカをあしらう外交術を身につけている。アメリカとは巧みに一線を画すということをやりつづけています。硬軟取り混ぜてアメリカにたいしてさまざま複雑な対応をとってきた西欧は日本とは対照的な位置にいます。

一例をいえば、銀行の自己資本保有比率（ＢＩＳ規制*）がそれです。国際的な取引を行う銀行では自己資本比率は八％以上を保たなければならないという具体的な数値についてまで、日本はアメリカン・スタンダードに従ったのです。それ

ＢＩＳ規制
国際業務を営む民間銀行に対して、自己資本比率を規制するもの。国際決済銀行（ＢＩＳ）のバーゼル銀行監督委員会の報告書「自己資本の測定と基準に関する国際的統一化」に基づく。

で多くの銀行が再編に追い込まれ、日本の金融の機能が破綻寸前まで行ったことは記憶に新しいところです。

これは経済に限りません。たとえば国際刑事裁判所*（ＩＣＣ）がハーグにあります。人間社会に「普遍的な人権」があるということそのものについて、抽象的には、かなりの程度受け入れていいと私も思います。目の前で女性が虐待されている、赤ん坊が虐待されている。人間ならば誰だって、「やめろ」という。そういう、国境を超えた人間普遍の正義、道徳というものがあるとみてよいでしょう。そのような虐待・差別を、ついには holocaust*（民族皆殺し）や genocide*（大量虐殺）を認めてしまったら国際関係が成り立たない。そのようなことを認めている国とは、経済取引、政治折衝、社会交際、文化交流はできない。そういう抽象的な価値観は、国際的に合意ができるでしょう。

しかし、抽象的観念としての human rights（人権）を具体的に規定しようとすると、それは国柄において決まることが圧倒的に多い。一万のうち九九九九といいたいぐらい多い。たとえば日本で、幼児のおしりを叩いたら人権蹂躙ということになれば、多くの親が異議を申し立てるでしょう。先生が生徒をきつく叱ったらパワー・ハラスメントと決められれば、両親も教師も反発するに違いありませ

国際刑事裁判所
ＩＣＣは International Criminal Court の略。集団殺害犯罪、人道に対する犯罪などを犯した個人を処罰するための常設の国際刑事法廷。オランダのハーグに置かれている。日本は二〇〇七年に加盟。

ホロコースト
特に、ナチス・ドイツによるユダヤ人の大量虐殺のこと。ヘブライ語ではショアー（shoah）。

ジェノサイド
民族や国家、特定の宗教を信じる人々などへの集団抹殺のこと。一九五一年に国連でジェノサイド条約（集団殺害罪の防止および処罰に関する条約）が発効された。ボスニア内戦時のスレブレニツァの虐殺やルワンダ紛争での虐殺などがある。

ん。

同じように、企業の作り方、取引のしかた、勤労のあり方、政府と企業（官と民）のかかわり方、中央と地方のかかわり方など、それらを具体的にどうするかというのは、各国各様なのです。これらをグローバリズムによって一元的に具体的に基準を定めるのは間違いであると私は考えます。

現代人は、厳密な意味において「国家」（nation-state）を乗り越えることができるのでしょうか。ちなみに、私は「国民国家」という言葉は用いません。国家とは、読んで字のごとく「国民の家制」、「国民にもとづく政府」なのだと思われます。「家」はstateであり、統治機構のことです。ところが、ある愚かな政治学者が、「国民国家」と訳してしまった。そうしたら、逆に、国家が政府に短絡させられてしまったわけです。もちろんそのように遣う場合もあって、「霞ケ関」のことを「国家」という場合もあるわけですが、しかし一般には、国家という日本語には国民のことも含まれている、とみなすべきでしょう。

どうしてこのことに触れたのか。マルクス経済学にも近代経済学にも*、出てくるのは、proletariat（労働者＝消費者）とcapitalist（資本家）とmarket（市場）だけです。国民という概念も、政府という概念もないのです。少し奇妙なことに、

近代経済学
一八七〇年代にはじまるウィリアム・スタンレー・ジェヴォンズ、カール・メンガー、レオン・ワルラスによる限界革命をはじまりとする経済学、いわゆる新古典派経済学を指す言葉。

貨幣は出てきます。金本位制であれば別ですが、貨幣は中央銀行*が管理・介入・操作することで供給されています。中央銀行は、多かれ少なかれ、政府と連絡を取っている、政府に帰属している。市場が、貨幣というメディアを媒介に消費が交換されるところとすると、その媒体自体が、中央銀行なり、日本でいえば財務省なりによって動かされている。つまり、「市場のど真ん中に政府が顔を出している」という本質は、金貨・銀貨の時代だろうが、紙幣・証券の時代だろうが、変わらないのです。このことは経済学の原論には全く書かれておりません。

マルクス経済学における「プロレタリアート」のもともとの意味は「子供を産む人」ということなんですね。ローマ時代の「プロレタリー」とは、「子供を作ることによってのみ、国家に貢献する人」という意味です。おそらく、マルクスはヨーロッパ人だから、プロレタリアートを「無産階級」ととらえていたというよりも、「喰うに精一杯で子供を産むことしかできず、豊かな消費活動や余暇活動などの経済活動をすることは不可能」な、生存最低賃金しかもらえない人たちをプロレタリアートとよんでいたのだと考えられます。

労働者（laborer）という言葉には、日本語では「者」がついているので「人」のこととととらえられがちですが、労働力の本来の意味はモノです。「物的なエネ

中央銀行
　日本の中央銀行は日本銀行。日本銀行法では「銀行券を発行するとともに、通貨及び金融の調節を行うこと」や「銀行その他の金融機関の間で行われる資金決済の円滑の確保を図り、もって信用秩序の維持に資することを目的」（第一条）としており、「通貨及び金融の調節を行うに当たっては、物価の安定を図ることを通じて国民経済の健全な発展に資することをもって、その理念とする」（第二条）と定められている。

ルギーとしての labor force（労働力）」が考えられていたのです。

一九世紀であろうが現代であろうが、モノを作るに当たっては、大なり小なり、人間関係が発生します。人間関係にもとづいた「集団」ができていて、役割の体系と共同目的をもった組織がそこに介在します。生産のために組織を動かすには指揮命令、その受容服従という、パワーをめぐる政治的要素が不可欠です。また、組織に所属する人は長期にわたってその集団に滞在するので、組織には慣習という社会的要素が生まれます。また、共有の価値観や道徳心など文化的な要素も組織には作用してくるはずです。

また、家族という組織でも経済行為が行われています。家族の単位が地域コミュニティを構成し、全体を統括するものとして地方政府があり、地方政府を関連づけるものとして中央政府がある。要するに、経済には組織が入ってくるので、純粋市場理論というものは成り立たないのです。

ところが、マルクス経済学も近代経済学も、経済に政治の要素も社会の要素も文化の要素もないとして、純粋の市場経済が成り立つかのように考えているのです。

私は、人間がよほどの物神崇拝にとらわれた「狂人の群れ」と化さないかぎり、そんな世界はありえないと考えてきました。ところが、二〇世紀から二一世紀のはじまりにかけて、純粋市場理論が暴走を起こしたのです。これはいっときの現象であろうと私は思いますが、その音頭取りを経済学者、経済評論家、経済ジャーナリストがさんざんぱらやったことは忘れるわけにはいきません。

「純粋経済学というロケット」は、四半世紀しかもたなかったのです。いま、そのエネルギーが切れて失速、墜落しはじめているのです。種類は違いますが、同じロケットである点では「マルクスの亡霊」も同じです。そんな亡霊に世界経済を説明する力はありません。

8　ＩＴ革命という名のＵＦＯ

「市場原理主義ロケット」の推進力となっていたのはＩＴ革命*でした。光ファイバーやコンピュータなどのハードウェア、そしてインターネットのインフラに乗ったソフトウェア産業による情報機械や情報技術の進展が、異様なまでに物事の分類と計算を早め、時間と空間の壁を越えて、全世界を同じ時空のなかにつなぎました。これを「ＩＴ革命」とよんでもてはやしたわけです。

ＩＴ革命
　インフォメーション・テクノロジー（情報技術）における大変革。パソコンやインターネット、携帯電話などの普及によって情報伝達技術がめざましく向上した一方、パソコンの使用やインターネットへのアクセスについて個人や地域間で格差が生まれている。

注意しなければならないのは、その技術を使うことがきわめて有効である場合にはじめて新技術が「革命」の名に値するのです。はたして、ITが人間および組織の長期見通しを切り開くことができるといえるのか、これが大問題です。

一九世紀にドイツに「生の哲学」を提唱したヴィルヘルム・ディルタイ*という哲学者がいました。フリードリッヒ・ニーチェ*、エドムント・フッサール*、マルティン・ハイデガー*らも、ディルタイの生の哲学の流れをくむ哲学者といえます。ディルタイは、「人間の生、生の集合としての集団現象」として歴史を考えたとき、「人間の歴史現象はかならず一回限りで、繰り返し実験ができない」というのです。どんなに懐かしがっても幼少期はふたたび巡ってこないというのと同じです。リピートできないのが人間現象だ、というところから議論を始めなければなりません。

もう一つ、「自分の歴史現象を考えるとき、かならず、自分の経験にもとづいて、しかも行為・実践を通じて認識を作り上げていくものだ。解釈も同様で、人間の自己解釈は、人間の自己活動のなかで形成され、修正され、再形成される」と述べているのです。

これがディルタイの哲学の大きな鍵で、大いにまっとうな考え方です。この世

ヴィルヘルム・ディルタイ
一八三三年生まれのドイツの哲学者。「精神科学」の概念を提唱。『体験と創作』など。

フリードリッヒ・ニーチェ
一八四四年生まれ。ドイツの哲学者。現代思想の源流の一人といわれている。『善悪の彼岸』『ツァラトゥストラはかく語りき』など。

エドムント・フッサール
一八五九年生まれ。オーストリアの哲学者。現象学の創始者。マルティン・ハイデガーやジャン＝ポール・サルトルらに強い影響を与えた。『イデーン――純粋現象学と現象学的哲学のための諸構想』など。

マルティン・ハイデガー
一八八九年生まれ。ドイツの哲学者。エドムント・フッサールに師事。現象学

の長期未来を、確率的（stochastic）にとらえることは根本的に間違いであろうと思います。かりに確率現象ととらえることが可能で、それをモデル化できるとしたら、非常に短い期間にかぎられます。人びとの価値観も変わらない、技術も変わらない、制度も流行も変わらないという状況のなかで膨大な回数の実験が行われる、という場合なら事象を確率的モデルで証明できるでしょう。純粋の証券取引の世界では、そういう事象が生じると思われるかもしれません。しかしながら、どんな証券であろうとも、その背後には実体経済があります。実体経済では組織が、政治や文化を伴う形で、つまり包括的な実体として横たわっているのです。そのことを考えれば、繰り返し実験の結果が再現されると考えてＩＴに依拠するわけにはいきません。ましてや、そのモデル化のための理論的支柱を market doctrinairism（市場教条主義）に求めるのはまったくおかしい。そのおかしげな考え方が世界にばらまかれたわけです。

実際にどんなことが起きていたのでしょうか。市場原理主義の下、金融情報立国を標榜したアメリカは、物作りなどの実体経済においてどんどん空洞化していきました。それにアジアやヨーロッパが対抗するには、象徴経済すなわち貨幣や証券の商品で対抗するしかないとみなされて、貨幣取引、証券取引のためには情

を発展させ、解釈学を推し進めた。『存在と時間』など。

報の計算が必要だと構えて、全世界がその動きに巻き込まれていくということになりました。

クリントン*政権時代に作り出されたこの政策が、あたかも科学的な裏づけがあるかのようにみなされて、いっせいに全世界に広まりました。結局、マルクス主義的な「純粋資本主義」に近い状態が、ほんのいっとき、世界に作り出されてしまったのです。

セキュリタイゼーション*（securitization：証券化）などいう英語は、造語といってよいでしょう。そんな言葉が普及したのはごく新しいことです。この世にある債権のすべてを証券化し、証券化の平均収益と、収益のばらつきを数値化してコンピュータに入れる。それで未来の予測ができるという口上で新たなマーケットを作り出し、それによってアメリカの証券バブルが世界を飲み込むに至ったのです。その中核をなす金融技術がderivatives（派生証券）です。つまり、様々な証券の収益の（確率的な）平均値とそのばらつきを計算し、それをさまざま組み合わせれば、リスクの分散ができ、高い収益を上げることができるであろう、という思惑が資本主義の全域を覆うようになりました。

そんなことは経済学の教科書には書かれていませんでした。しかし、「あらゆ

ビル・クリントン
一九四六年生まれ。アーカンソー州知事を経て、第四二代アメリカ合衆国大統領。クリントノミックスにより、好景気をもたらし、高い経済成長率を維持した。

セキュリタイゼーション（証券化）
不動産や債権といった資産を流動化させる方法。証券化されたサブプライム・ローンは多くの投資家や金融機関に保有されていた。

るものが商品化される世界」をフィクションとして考えたのはたしかに経済学だったのです。その側面を徹底的に強調して、人間の疎外や文明の退廃を読み込んだのがカール・マルクスでした。しかし、「カールくん」には文句をいわなければなりません。あらゆるものが商品化されるなどということはそもそも不可能だということです。全面的な商品化は「あってはならない」だけではなく、「そもそも不可能」といわなければなりません。ここでの議論からいうと、「予測不可能な未来」に深くかかわる財・サーヴィスについては、商品化は不徹底に終わるしかないのです。そして、不可能に挑戦して挫折したのが、アメリカン・キャピタリズムでした。もし、リスクの予測が完全に可能なのだとしたら、人間は人間でなくなって、もっといえばプロレタリアート、「子供を産む機械」でしかなくなり、さらにはサイボーグやロボットとして位置づけられることになります。単なるエネルギーの塊、社会というシステムの完全な部品としてのロボットというところまで人間が化けないかぎり、純粋資本主義化も、純粋商品化も、純粋証券化も、純粋派生証券化も成り立たないのです。成り立たないものを成り立つかのように夢想した原理論が、マルクスの『資本論』であり、そして近代経済学の市場理論なのでした。

人間の思索のことをスペキュレーション（speculation）といいます。その言葉には投機、思惑という意味もあり、「あれこれ思いをめぐらす」ということです。人間の思索には間違ったものもあるし、悪辣な思索もある。しかし、ともかく、人間はそういうことをやるものだ。そのことを全く無視したIT革命論ほど、原理的に間違った、根本的に方向感覚を失っている思索はありません。それは、まさに「思想の投機化」というものであっといわざるをえません。ITがUFO（未確認飛行物体）となって人類を未知の幸福と遭遇させてくれる、という御伽噺を紡ぐのはそろそろ御仕舞にしなければならないのです。

9　放埒へと暴走する自由

未来の不確実性（uncertainty）を、「確率分布という形式化により、統計的予測という数量化を加えて、予測することができる」というfinancial technology（金融工学）*の主張は、嘘話も同然です。しかも、未来の不確実性に対処するうえで最も重要なのは、そのような形式化も数量化も不可能な、危機（danger, crysis）においてなのであって、危険（risk）においてではないのだ、ということ

金融工学　資産運用などに際しての意思決定を分析する。金融工学に基づく証券化商品の破綻が、サブプライム・ローン問題の火種となったとみられている。

を認めなければならない。そして、危機に対応できるのは、定量的な把握しかできないIT〔インフォーメーション・テクノロジー、information technology〕ではなくて、主として人間関係の定性的な理解をも可能にするHO〔ヒューマン・オーガニゼーション、human organization〕である、ということを認める必要があります。

そうでないと、この間、アメリカを先頭にして、わが国でも行われてきた「詐欺行為」（fraud）が市場経済でまかり通ることになります。つまり、建築基準の設計偽装*であるとか、食品の産地偽装表示*や賞味期限の捏造*など、日本人の生活の内容までに影響が及んだ犯罪および擬似犯罪の横行のことですね。これらの問題が相次いで発覚したのが、市場原理主義者たちの「終わりの始まり」の時期だったのは象徴的なことで、それによって市場原理主義の本性が剥き出しにされたわけです。そしてとうとう、アメリカにおいてサブプライム・ローンという「証券詐欺」が発覚して、世界大不況につながっていくということになりました。それが「fraud の climax」だったのです。

サブプライム・ローンとは、将来支払う能力があまりないような貧乏人、つまりサブプライム層〔証券を売る側からするとハイリスク層〕を対象とした住宅ロー

建築基準の設計偽装
構造計算書を偽装して、耐震基準を満たさないマンションなどが建設された事件。二〇〇五年に発覚。

食品の産地偽装表示
二〇〇五年に起こった北朝鮮産のアサリを国内産と偽った事件や二〇〇七年から二〇〇八年にかけて中国産のウナギを国内産と偽装した事件が数件発生した。

賞味期限の捏造
二〇〇七年に、三重県の老舗和菓子店において製造日・消費期限の不正表示が発覚したほか、老舗料亭のグループ一社が菓子の消費・賞味期限を偽装していたことが分かった。

ンのことをさします。世界金融危機の引き金を引いたのがこれです。

「裸一貫でアメリカにやってきて、一夜にして大金持ち」などという話が、よく「アメリカン・ドリーム」として喧伝されますが、そういうアメリカ観自体が詐欺なんです。アメリカで、金銭や名声において偉大な成功を収める人は少数に限られております。

アメリカン・ドリームとは何なのか。それは、日本と同じことで、「家を持つ」ということにほかなりません。家を持って家族生活の安定的な基盤を確保すると、それが本来のアメリカン・ドリームということで、ごくごく平凡な話です。そして、その夢を利用して低所得層に住宅を売るシステムとして開発されたサブプライム・ローンは、詐欺ともいえないような、「児戯に類した」商品でした。

土地価格および住宅価格の上昇を見込んで、「値が上がりつづけるから、ローンが払えなくなったら家を売ればいいのだ。売ればローンを返済した上に、儲けがあるから、だから、ローンを組みなさい」という話を持ちかけて、本来ならば住宅ローンが組めない層に住宅を売りつけたのです。実際には市場におけるどんな価格も、上がったり下がったりするわけです。そういう大波のような価格変動があるわけで、それを無視した売りさばき方でした。住宅の供給過剰の上に、皆がこぞって住宅を売りはじめれば、住宅価格が下がるに決まっています。

さらに、そのようなハイリスク層の住宅ローン債権を証券化して、他のリスクの低い証券とまぜ合わせることにより金融派生商品*（derivatives）化し、単独の住宅ローン債権よりも高い格付けをして、世界の投資家に買わせていたのでした。

今回の金融危機で発覚したのは、住宅ローンの問題だけではありません。アメリカのＧＭをはじめとする大手自動車メーカーも同じような手法で「生き延びていた」のです。日本やヨーロッパで主流になりつつあった燃費のよい小型車を生産する技術がなく、ＳＵＶ（sports utility vehicle）という、トラックのシャーシに高級乗用車のボディを乗せた、見せかけだけの自動車を日本円で八〇〇万円ぐらいで売る。そんな車を買えるアメリカ人は多くないはずです。しかし、住宅ローンと同じく証券化によって、サブプライム層に売り込んだのでした。「中古品で売れば元がとれる」という触れ込みによってです。

その後は同じことで、プライム層（リスクの高くない、もともとローンが組める層）に売ったローンと組み合わせて、危険（risk）を分散させたと称して、新たなデリバティブ商品を買わせたのです。

金融派生商品　derivativesとはFinancial Derivative Productsの略称。株式、債券、通貨などの商品から派生した金融商品のこと。先物取引、先渡取引、オプション取引、スワップ取引などにおいて重要視される。

「サブプライム破綻」は、サブプライム層が住宅ローンを払えなくなり、住宅価格が下がったため回収できなくなったことから、住宅ローンの焦げ付きを保障するCDS*（Credit Default Swap）が破産したところから始まりました。CDSは住宅ローンが破綻しても、証券化商品の買い手が影響を受けないような保険のようなもので、だからサブプライムは絶対に破綻しないとされていました。それが破綻したのですからひとたまりもありません。全世界的に取り付け騒ぎが起きたようなものです。加えて、金融商品のなかにサブプライム・ローンがどれだけ入っているのかはっきりわからないようになっていて、それがさらに疑心暗鬼を生み、世界的な不況の幕開けとなったのです。

ふたを開けてみれば、それは「詐欺」にほかなりませんでした。実体経済を巻き込んだ「世界金融危機」とはこうして詐欺によって惹き起こされたわけです。

まず指摘しなければならないことは――自慢ではありませんが、三十五年前の私の本にすでに書いておいたのですが――「情報格差」（informational difference）の問題です。

取引関係において、双方のもつ情報量が同じであるということは、通常、ありえません。平等に知っているのは価格情報のような限られたものです。その品物

CDS
（Credit Default Swap）
企業の倒産などによって債務不履行が起こったときに発生する損失金を保障する金融派生商品。CDSの買い手は、売り手に対して、定期的に保証料を支払う。

の品質がどのようなものなのか、一般に、商品需要者には詳しくはわかりません。ましてや、複雑な仕組みのデリバティブだとしたら、需要者は無知も同然です。商品を供給する側は、その中身はわかるでしょう。しかし、買う側には内容はわからない。このような「情報格差」が、ＩＴを介してマーケットのど真ん中に現れたのです。したがって、そのことが判明するや、情報の大きな格差のある者同士が、信頼関係にもとづいて取引を続けることはできなくなるわけです。マーケット取引が崩壊するのは火を見るよりも明らかなのです。

自由交換、自由貿易、自由取引など、経済における「自由主義」が、なぜ、かくも全世界に、強力なイデオロギーとして、強く支持されたのか。

意外に思われるかもしれませんが、自由主義は基本的に、「反体制のイデオロギー」なのですね。フランス革命を考えればそれは明らかです。「自由・平等・博愛」の自由のなかの「リベルテ（librté）」、英語で freedom, liberty は、目の前に認めがたい抑圧や専制がある場合、それからの自由をめざそうとしてよばれるものですね。ロシア帝政下のラトビアに生まれた哲学者のアイザイヤ・バーリン*の有名なエッセイ「二つの自由の概念」では、自由という概念を積極的自由（positive freedom）と消極的自由（negative freedom）に分けていたのが思い起こ

*アイザイア・バーリン　一九〇九年ロシア生まれ。ユダヤ系の思想家。一九八三年にエラスムス賞受賞。

されます。近年の規制緩和を求める言説では、振り返ってみればさほどの専制も抑圧もなかったにもかかわらず、イデオロギーとしての「自由観念の運動」が始まり、「規制を緩和しろ」、「自由を拡大しろ」という「反体制的言説」が幅を利かせることになりました。

反体制は、社会の多数派に気分的に受け入れられやすい気分です。社会の指導層はつねに少数派ですからね。フランス革命以来、そのような自由主義的な気分がほぼ二世紀以上にわたって続いてきました。市場原理主義者たちは、その「気分」にうまく食い込めばいいと考えたのでしょう。取引者相互に歴然たる情報格差があるにかかわらず、それを覆うベールとして「自由」のイデオロギーが使われていたとしか思われません。

自由主義のもうひとつの側面は、具体的には「小さな政府」の要求となって一九八〇年代末に現れました。日本でも、今にして思えば笑うしかないような事態が九〇年代には進んでいたのです。たとえば、日本の公務員の数は比較的に少ないにもかかわらず「多い」と宣伝され、役人バッシングが、燎原の火のように広がりました。「小さな政府」という合言葉だけが、一人歩きさせられていたのです。

九六年ごろ、小泉純一郎なる政治家が厚生大臣の頃、「ニュージーランドでは、公務員の数を半分に減らした」というキャンペーンを張り、それに倣って日本の公務員を減らそうとしたことがあった。日本の経済界、マスコミ界、学界、政界がこぞって「行革はニュージーランドに学べ*」というものすごいキャンペーンを行ったのです。そこで私が彼我の人口を調べてみたら、ニュージーランドは、対人口比でいえば、国家公務員を半分に減らしても、日本の対人口比における役人の数よりも多いのですよ。小泉厚生大臣にテレビの番組でじかに会う機会があったから、「おかしいじゃありませんか」と指摘したら、大臣は「何をいうか。半分に減らしたのがエライのだ」とたいそうな剣幕でした。私はこれを聞いた瞬間に「こんな大臣が威張っているようじゃ、この国はもうだめだな」と思いました。

たとえば、肥満の人間が体重を半分に減らすのはいいかもしれない。しかし、痩せた人間が同じようなことをすると命にかかわる。すなわち物事の実質を考えることが重要なのです。自由主義、市場原理主義は、形式化と数量化の時代だとみせかけておきながら、それら形成・数量の内容をごまかすためのシンボルとして使われているにすぎないのです。

小泉氏のブレーンで、のちに小泉内閣に入ることになる竹中平蔵*氏は、ある会

ニュージーランドの行財政改革　労働党のデビッド・ロンギ政権において実施された。ロジャーノミクスと呼ばれる。多くの助成金や規制が廃止され、運輸や郵便分野の官庁でも民営化や公社化、外部委託などが行われた。しかし、倒産企業や失業者が増加し、労働党は一九九〇年の総選挙で、国民党に敗北、野党に転じた。

竹中平蔵　一九五一年生まれ。慶應義塾大学教授を経て、経済財政政策担当大臣、総務大臣・郵政民営化担当大臣などを歴任。

合（の控室）でこう指摘しました。「西部さんのいうとおりだが、ニュージーランドは地方公務員が圧倒的に少ないのです」。私はこれを聞いたときに、「ああ、行き着くところまで行くな」と思いました。というのは、ニュージーランドの地方には、羊しかいない。そして羊の世話をしているのは犬で、犬の世話をする人間は少数でかまわないのです。

つまり、「数値という確かな裏づけ」といっても、その数値を出すための基準の取り方でいろいろなのです。本来比較してはいけないものを、自分のイデオロギーに合う数値を恣意的に取り出して比較する。ニュージーランドの話でいえば、減少数ではなく、減少率を勝手にとってきた。そして、「地方の減少率が多い」と話をすりかえて、ごまかしているのです。これが形式化と数量化の真相です。それがfraud（詐欺）といって語弊があるならば、その合理的数値には、不合理な誇張や歪曲が交えられているというべきでしょう。

ＩＴそれ自体には罪はないのです。なぜなら、ＩＴはおのれに放り込まれた数式と数値を疑うことをしないのです。機械に入れられた数式と数値にもとづいて計算することしかしません。誰に罪があるのかは明らかでしょう。私のいうＨＯは、「ＩＴに入れられる数式・数字自体を疑う」、「他の数式・数値もあるだろうと推論する」能力のことです。すなわち、人びとの organization の経験、意思疎通、相互討論のなかで、なかば無自覚にせよ明らかにされてきたことをもとにして、将来を考え未来に取り組むということです。危機に対応するには、人びとの繋がりを確保することから出発しなければならない。現代人はそのことを忘れてしまったのです。

このような「合理性の罠」とでもよぶべきものは、現代人に限ったことではないのかもしれません。ローマの格言にこういうものがあります。「vox populi, vox dei（人民の声は神の声）」。ラテン語で、populi は人民、vox は声。ローマは最初の大衆国家であり、アメリカは、一九世紀初頭のアンドリュウ・ジャクソン*大統領の時代以降、近代最初の大衆国家です。大衆国家において、「人民の声は世論」ということになります。世論は、政治を動かす起動力ですが、これが実は、経済をも同じように動かしていた。ピープルズ・ボイス自身が、詐欺行為、似非商品を迎え入れたと考えざるをえないのです。

日本の経済改革運動で叫ばれたのは「マーケットの声を聞け」という大合唱でした。ところが、マーケットは、情報格差にもとづく詐欺同然の情報が飛び交うような世界だったのです。それを忘れるわけにはいきません。

アンドリュウ・ジャクソン　一七六七年生まれ。第七代アメリカ合衆国大統領。白人男子普通選挙制を確立した。

第2章　経済政策の急展開——保護主義の台頭

1　自由貿易は万能ならず

この大不況はどこまで続くのか、という不安が広がっています。それもそのはず、日本の瞬間風速の数値をみれば、これまで二兆円を超える収益を自負してきたトヨタ*が、はじめて赤字に転落し、製品の三割が売れ残って在庫になっている。失業率も増大を続けています。政府の雇用助成金*がなければ、失業率は九％だといわれております。一九二九年の世界大恐慌を思わせる事態が起こりつつあるのです。経済にまつわる人々の気分がpanic（恐慌）となるのは当然といわなければなりません。

このように人びとの気持ちまでが落ち込んでいくなかで、突如として自由主義から保護主義への、経済政策の転換が起こりつつあるのです。

オバマ大統領は就任早々、不況脱出政策として、一五〇兆円に及ぶ不良債権の買い取りを行うことを発表しました。すでにみたように、いままでの自由放任政策からの大転換で、「アメリカは社会主義化する」と書いた雑誌もあったほどです。

トヨタ
　一九三七年設立の自動車製造・販売会社。本社は愛知県豊田市トヨタ町。世界金融危機の影響で、二〇〇八年の世界販売台数実績は前年より五％減の約七九九万台にとどまった。

雇用助成金
　厚生労働省では雇用安定を目的に、再就職支援や新たな雇入れ、能力開発などについて給付を行っている。

オバマの政策処方箋のなかで注目すべきは、国内の公共事業において、鉄鋼をはじめとして国内産品を買う、という政策を打ち出しているのです。「Buy American」つまり「アメリカ製品を買え」ということですね。これは明らかに保護主義（protectionism）です。財政出動という形で政府が表に出て、その財政資金が何に使われているのかというと、民間企業の株を持つ、不良債権を買うという形で、国有化・国営化への傾向が顕著にみられます。同時に対外的には関税や直接規制で貿易を、さらには金融を統制するという保護主義の動きが起こっている。それは当然ながら、「小さな政府」から「大きな政府*」への逆転現象だといわざるをえない。

これらの政策は、「自国の経済を守る」という国益の見地から行われているわけです。今日の経済を守るだけではなく、明日も明後日も自国経済を守ることを考えて政府が動く。つまり国益計算上、保護主義をなにほどか導入せざるをえないということになっているのです。

このような動きが海外にも及ぼされることを指してブロック経済化*といいます。関係の深いいくつかの国家が多少とも閉鎖的な経済圏を作るということですね。世界中で保護主義が台頭しているさまには、まだ存在しない言葉だけれど、「ブ

大きな政府
政府の積極介入により、高福祉社会を目指す考え方。

ブロック経済
関税障壁などを設け、限られた一定の地域内で貿易などの経済活動を行う。世界恐慌後の一九三〇年代には、スターリング・ブロックやドル・ブロックなど通貨圏ごとのブロック経済化が進んだ。

ロッキズムの復活」という形容を与えたくなります。

そもそもブロック経済とは、一九三〇年代に、多極化した世界の基軸通貨ごとに経済圏を形成し、外部との交流を遮断するかたちで閉鎖的な金融圏・貿易圏を作るというものでした。

現下の「新しい保護主義」では、三〇年代のような強い閉鎖的経済圏に逆戻りすることはないでしょう。それは「半ば開放的で、半ば閉鎖的な」形となり、それゆえ「何を閉鎖し、何を開放するか」ということを、そのつど国際的に調整しながら事を進めていくという、かなり微妙な政策手法になることが予想されます。したがって、正確にいえば「セミブロッキズム」、それがこれからの世界経済だというべきでしょう。世界金融危機前の「フリー・トレードの時代」から「セミブロッキズムの時代」へと世界は転換しているのです。

これはなにも異常なことではありません。縦軸は自由貿易、横軸は保護貿易というグラフのなかで行われる、それが世界経済の通常の姿なのです。これは国内経済においても同じです。

日本が経済大国としてのし上がってきた一九六〇年代から八〇年代前半まで、いわゆる「日本的経営」が世界の注目を浴びました。それは「日本的ＨＯ」がもっとも効果を発揮していた時代だったといえます。human organization（ＨＯ）とは、企業組織の経営の側でいえば、指揮・命令体系、従業員の側からいえばその受容・服従の体系のことです。

日本的経営はなやかなりしころの時代に特徴的なのは、企業内部についてのみならず産業全体においても、通産省（現経済産業省）が指導的立場を担ってきたということです。適正価格を指示し、過剰・過少生産をチェックすることによって、市場内部からの規制、政府などを通じる市場の外部からの規制の両方が相まって、日本的な経済運営方式が日本を経済大国に押し上げたのです。

その経緯を眺めれば、横軸に自由主義、縦軸に保護主義をとった二元空間で、経済がどのような傾きにおいてバランスをとるかというのは、その国の「国柄」の問題であります。

また、国際的な経済関係には、葛藤もあれば協調もあります。この国際関係における葛藤と協調のなかでいかなるバランスをとるか、それも政治の仕事なのです。それによって、その国の国際的なポジションが、「自由と保護」の二元空間のなかでのベクトルとして定まっていくのです。このごく当たり前な経済的常識を踏まえておかなければなりません。

セミブロッキズムによって「経済常識の復活」が始められたのだとみておけば、depression（鬱）に浸る必要もないし、panic（恐慌）に陥る必然もないというわけです。

いま、世界経済も日本経済も曲がり角に直面していることは間違いありません。それは「自由主義のイデオロギーからの覚醒」であり「保護主義の必要への目覚め」ということです。というより、自由と保護をそれぞれ「主義」としてイデオロギー化するのはやめようということです。

2　規制緩和論の迷妄

少し前のことを振り返ってみましょう、新世紀に入ってから、日本では「規制緩和」（deregulation）のかけ声を聞かぬ日は一日もなかったという状態が続いてきました。日本では「規制緩和」とオブラートにくるんだ呼び方がされていますが、deregulation を直訳すれば、「規制撤廃」という意味です。しかし、規制緩和という言葉に意味があるとしたら、「過剰な規制は撤廃すべきだ」ということだけでしょう。

どの規制がどのように過剰であるのかという規制内容の検討を何もしないままで、「ここに規制がある」とラベルが貼られたら、その規制を撤廃するのが社会正義であるかのような直情径行の「マーケットの声」が栄えたのです。これが一五、二〇年も続けば、どんな国の経済も、「骨太の方針*」どころか、骨まで溶けてしまうだろうと思われます。

さきほど、「自由と保護の二元空間」のなかのベクトルとして国民経済を表現しましたが、それは「自由と規制の二元空間」と同じことです。ところが、「自由のx軸が正しくて、規制のy軸は間違い」というイデオロギーが世界を席巻することによって、各国の国民経済が破壊されてしまいました。

日本の国内経済でいえば、「三位一体の改革*」がそうです。これは国と地方公共団体の財政にかんする問題を解決しようとするもので、すなわちそれは、(1)国庫補助負担金の縮減・廃止、(2)税財源の地方への移譲、(3)公共事業がらみでの地方交付税の減額をさします。地方への国の補助金を削減して同時に地方へ税源移譲を行い、公共事業について回る中央政府の干渉を排する、というのがいわゆる「地方分権」の趣旨です。

この「三位一体の改革」という名前それ自体がまことに奇妙なものといわなけ

骨太の方針
二〇〇一年に設置された経済財政諮問会議が毎年打ち出した経済および財政に関する基本方針の通称。

三位一体の改革
小泉純一郎政権下の「骨太の方針第二弾(経済財政運営と構造改革に関する基本方針二〇〇二)」で、「地方にできることは地方に」という理念の下、財源移譲・補助金廃止・(中央政府の指揮下にある公共事業と絡んだ)交付金の削減が提唱された。

ればなりません。教養のないエコノミストであればこそこういう変な言葉をつかうのであろう、と呆れはてます。トリニティつまり「三位一体*」とはキリスト教の用語なのです。trinity つまり「神と子と精霊」が一体であることをさす、大変に重い神学上の言葉です。「三位一体の改革」とは、そういう思想的な意味はなにもなくて、ただ「三つの要素が組み合わされている」つまり triade（三幅対）のことでしょう。trinity と triade を取り違えるのは無教養というものです。無教養は恥ずべきことではありませんが、教養がある振りをするというのがエコノミストの困ったところですね。

閑話休題。地方分権論は、規制緩和に勝るとも劣らない愚論だと思われます。地方（local）という概念は、中央（central）あるいは広域（global）があってはじめて成り立つ概念です。「地方分権」には、それと表裏一体をなすものとして、「中央集権」という概念がある。さまざまな地方が分権体制のなかでバラバラになってしまったら、お互いの連絡がなくなり、地方間の衝突が顕在化して国家が崩壊します。そして、国家が崩壊すれば、地方もまた崩壊する。ふたたび x-y 軸でいえば、縦軸は分権制、横軸は集権制、そのなかに地域経済はあるのが本来の姿だ、ということが忘れられてしまっております。

三位一体
　キリスト教の教義の一つ。「父なる神」「ロゴスである子なるイエス・キリスト」「聖霊」が一体であることを指す。ローマ帝国の皇帝コンスタンティヌス一世が召集した公会議で明文化された。

大切なのはローカル（local）でなく、regional（地域的）なのです。では、リージョンとは何でしょうか。それは、自律性（autonomy）を持って、中央や他地域から自由に動ける地理的範囲と定義できます。地域は、ある程度の「自給自足」（autonomy）を有しているということです。

地域はとても大切な概念です。地域のなかで人びとの生活が保持され、企業活動が安定します。それは、経済のＨＯつまり人間組織が安定することを意味します。家族も企業も、地域のどこかに立地（locate）されているという観点が必要です。地域が自律していなければ、家族にしても企業にしても国際社会および国家が混乱すれば、それにすぐさま感応してしまう。地域の安定が重大であるということを忘れて、「地方分権」を叫ぶのは見当違いといわざるをえません。

規制緩和にしても地方分権にしても、その必要を叫ぶ人物ないし勢力は、二項対立の仮想空間を作り出して「二者択一」を叫んでいるにすぎません。「中央にいる人はみんな威張っている、地方に命令を発している、そういう抑圧体制はけしからん」、という反体制気分に煽られているのは精神の小児性というほかありません。反体制気分で地方主義を主張すれば、国家はおのずと崩壊の方向に入ります。「三位一体の改革」が叫ばれてから一〇年近く、地方壊滅と国家破壊が手をたずさえて進行している、といって過言ではないでしょう。

こういう精神の小児性を持った人たちの集まりが、いわゆる「改革勢力」だったのです。社会や経済を構成する二元的な構成が何であるかを見定めぬまま、「改革」が天下の大正義になるというのも珍妙な現象でした。本来ならば「改革」には改善と改悪があります。「変革」にしてもそうでありまして、「change」と叫んでみたところで、good change と bad change があるわけで、変化には「善と悪」、「真と偽」、「美と醜」がつきまといます。それらの区別を見定める基礎がないままの変化を礼賛するのは精神的小児病に当たります。

もちろん、人間精神には、「情報の新しい結合」としての変化がつきもので、人間は「変えたい」という欲望から離れることはできません。しかし、自分たちの欲する変化が、善と悪、真と偽、美と醜のいずれに傾いているのかが論及されなければなりません。change, reform が改善と改悪のいずれに向かっているのかというおおよその確認がとれなければ、改革それ自体は何も意味しません。それに気づかずに、ひたすら「カイカク」が行われ、「カイカクのためのカイカク」がいまだに続けられているのです。そんなことを二〇年も続けていれば、ひたすら「改革の歌を歌い続ける」以外に能がなくなるでしょう。

そういえば、クリントン元大統領も、「change, now！」と叫んで人気を博しました。オバマ新大統領もふたたび「change！」と叫んで圧倒的な支持を集めたのです。しかし、その内容をみると、クリントン政権時代の change は、アメリカの「情報金融」を中心としたアメリカン・クリントン・スタンダードを世界に押しつける、というものでした。それがバブルを起こし、金融危機で崩壊していくなかで、オバマが登場します。オバマが叫ぶ「change！」は、「クリントニアン change からのオバマアイト change」、つまり「改革にたいする改革」を叫んでいるわけです。実に嗤うべき言葉の乱脈といわれなければなりません。

一例を示せば、アメリカ人はいま、規制緩和（deregulation）をやめようとして、「reregulation」（再規制）という言葉を遣っている。早い話が、アメリカに特有のご都合主義的な言葉づかいなんですね。要するに「適正な規制」をみつけようといっているわけです。それは、過剰な規制は排し、有効な規制は残し、過少な規制は強化しようということ以外ではありません。そして、規制の必要度を測るには、過去の成果や経験を参照しなければならないのです。

しかし、過去の経験を再び活かすには、歴史感覚が必要です。「古き良き時代」の知恵を、新しい状況のなかでいかに再活用するか、それがオバマ大統領のいうアメリカ国家の「remake」（再建）の本旨でしょう。しかし、それに必要な歴史的な知恵が、歴史感覚に乏しいアメリカには不足している。日本はアメリカに比べれば、国民の歴史感覚や国家の歴史的経験がまだ残存しております。過去の政策的体験から得られた抽象的な知恵を、現下の国際関係のなかで具体的に定義する、それが歴史感覚というものなのです。

なぜ歴史感覚が必要なのか。たとえば安倍晋三*元首相の政策理念に「リチャレンジ*」がありましたが、「ふたたび挑戦する」ためには、一度失敗して次に成功するための条件をどう作るか、というある程度の見通しがなければ意味がないのです。そのために「過去から学び、挑戦の仕方を再発見する」という方向が入っていなければ「再チャレンジ」はできません。リメイクも本来そういう意味でしょう。

アメリカに付き従うことがカイカクやリフォームの内実、という情けない事態になってしまいました。その結果、各国ともおのれの国益（national interest）を見失っている、あるいは国益が大幅に損なわれている、ということに気がついて愕然としているのです。

interestとは、「利子」とか「利益」と訳しますが、interestingなどというよ

安倍晋三
　一九五四年生まれ。父は元外相晋太郎、母方の祖父は元首相岸信介。戦後生まれ初の総裁。二〇〇六年、第九〇代内閣総理大臣に就任。

リチャレンジ→再チャレンジ
　安倍晋三元首相は、「チャンスにあふれ、何度でもチャレンジが可能な社会」の構築を目指し、「再チャレンジ支援総合プラン」を策定した。

うに、「関連すること」「関心を持つこと」というのが本来の意味です。national interest とは、「自国民が関心を持たざるをえない一切のこと」という意味なのですね。これらは既成のエスタブリッシュされたものであり、悪くいえばアンシャン・レジーム（旧体制）であり、見方を変えれば保護の体系、規制の体系であるということになります。

時間軸からみれば、国益というものは単なる計算問題ではありえません。国家というものは、国民が親→子→孫と続いていくように、長期的に存続するものなのです。英語で企業は「going concern」（継続的事業体）です。それは今後とも続くであろうひとつの活動体という意味です。国家のみならず、家族であろうが企業であろうが、going concern でなければならないのですね。

「何がこの国の利益になるのか」を考えるについては、長期的な視野がなければなりません。そういう長期的なるものとしての国益を単純に数式化・数量化することはできません。各国もやっとそのことに気がついて、国家の長期的枠組みについて、また国際関係の枠組みについて、模索しつつあります。

おそらくは日本を特殊の例外としてです。

イラク戦争のときの日本の振る舞いについて振り返ってみましょう。

日本では、「国益のためにアメリカに追随すべし」、「イラク侵略に加担しなければ日米同盟に傷がつく」という言説がまかり通っていました。当初、それに反対していたのは私一人で、私の見解を発表する場所がにわかになくなったものです。その対米追随の言説には、国益というものにかんする多大な誤解がありました。たしかに、短期的にいえば、日米安全保障条約*があり、日米軍事「同盟」と（親米派の知識人や政治家によって）よばれているものがあります。つまり、アメリカの要求を日本はむげに断れないという強い制約があるのです。短期的に考えるならば、アメリカに追随するのが国益なのかもしれない。しかし、将来、アメリカのやったことが「侵略である」と判明し、アメリカにたいする国際的な信頼がそれで傷つけられるということになったとしましょう。そうなったら、というより現に一年後にそうなったのですが、アメリカにいの一番に追随していった日本は一体何者なのか、という不信感が日本にたいして寄せられ、我が国の威信は大きく傷つきます。「長期的観点からの日本の国益は、短期的国益であるアメリカへの追随によって、傷つけられるかもしれない」という計算や展望ぐらいは、少なくとも議論されてしかるべきでした。アメリカにたいしても、政治的に反米姿勢をとるのは外交的失策ということになったでしょうが、それが「不義の戦

日米安全保障条約
一九五一年九月、サンフランシスコ講和条約と同時に締結された条約。米軍による日本の防衛義務を定めた。一九六〇年には、当時の岸信介内閣により新安保条約が締結された。

争」となることへの懸念を対米外交に巧みな表現で盛り込んでおくべきだ、と私は（おそらく私だけが）主張していたものです。

しかし、イラク戦争にかんする日本の関与について、反左翼陣営、自称保守陣営は、国益を短期的なものとしてとらえる議論しかやらかなった。また左翼陣営も、「テロ撲滅」というアメリカの掲げた名分の前で、黙々と対米追随に向かったのです。実は、世界各国は「国益は長期的な視野の下に考察されるべきだ」ということに気づきはじめていて、新世紀の大混乱のなか、自国の長期的な国益を見定めようとして必死で足掻いている。ヨーロッパのアメリカにたいする二枚腰的な対応にそれをみることができます。アメリカ自身が、イラク撤退などの形で、長期戦略を練り直そうとしている。

また、イラク戦争についてどんな議論が行われたかも検討する必要があります。さきほど触れたように、「自由か保護か」、「中央か地方か」というような単純な二者択一の論理が国際関係にも応用されてしまっていた。つまり、「ルールかパワーか」という二者択一に世界ははまってしまった。たとえば小沢一郎*氏のような単純な人は、「国連*が世界のルールである」、「したがって、国連決議に従っていくのが国際貢献である」といいました。彼が親米か反米かどうか定かではあり

小沢一郎　一九四二年生まれ。一九六九年、自由民主党から衆議院議員に初当選。一九九三年、宮沢喜一内閣に対する不信任案が国会で可決され、宮沢内閣は衆議院を解散。これをきっかけに自民党を離党し、新生党を結成。細川護熙、羽田孜両内閣を支えた。その後、新進党党首、自由党党首、民主党代表を歴任。

ませんが、国連中心の論理を追うあまり、「アメリカ軍は第七艦隊*だけがあればいいので、米軍基地*はいらない」ともいっている。その考えに結論として賛成かどうかというよりも、小沢氏が「ルール主義」で押し通そうとしている点が問題なのです。

国連であろうがほかの国際組織であろうが、それを律するルールについては、一般的、普遍的、抽象的にしか書かれえないものなのですね。たとえば、「人を傷つけてはいけない、他国を侵略してはならない」というような抽象的な概念しか、そのルールでは規定できない。では、具体的に「人を傷つけるとはどういうことか」、「侵略するとはどういうことか」と問うた瞬間に、それは、ルールのあてはめだけではすまなくなるのです。というのも、状況は常に具体的なものであって、侵害も侵略も、状況のなかで具体的に規定しなければならないからです。既存のルール解釈の変更、場合によっては新しいルールの形成ということに取り組まないと処理できない、それがルールというものです。また、ルール運営者として実践的にルールの解釈・運営・設定に具体的にタッチするのでなければ、ルールへの貢献とはいえないのです。

つまり、国際問題を解決しようと、国家間のパワーのせめぎ合いに具体的につ

国際連合（UN）
United Nations の略。一九四五年一〇月発足。当時の加盟国は五一ヶ国。現在は一九二ヶ国（二〇〇九年九月末現在）。これまで脱退した国はなく、主要な機関として、国連総会、安全保障理事会（安保理）、国際司法裁判所（ICJ）などがある。

第七艦隊
アメリカ海軍太平洋艦隊所属の艦隊。アメリカ海軍の艦隊のなかで最大の規模と戦力を持つ。在日米軍の主力の一つ。

在日米軍
日米安全保障条約により、日本に駐留しているアメリカ合衆国の軍隊のこと。陸軍、海軍、空軍、海兵隊によって編成されている。

ながるのです。これもx-y軸の関係として説明できます。秩序の横軸を「ルール」とすれば、縦軸は「パワー」です。そのような二元的な国際関係のなかに国益もあるのだ、と考えておかなければならない。どういう経済体制を組むかは、国益をどの方向に見出すかという長期戦略と密接に関連しているわけです。

「ルールとパワーの二元性」を忘れてしまうと、「国家を総べて肯定すべきか、国家を全面的に否定すべきか」という二者択一の理屈に追い込まれていく。そういう隘路に話がはまってしまうと、残るのは、またしても、合理主義の極致である形式化と数量化の論理しかありません。「これまでの国防費の上昇率はいくらか、それから予測して将来の戦争はどうなるか」というように問題を矮小化してしまうのです。

3　一九三〇年代危機と新世紀危機との違い

このような狭い合理主義の考え方は今に始まったことではないのです。一九世紀前半に活躍したスコットランドの思想家で、『英雄論』を著したトマス・カーライル[*]に、「cash nexus」という言葉があります。nexusは「関連」という意味

トマス・カーライル
一七九五年スコットランド生まれ。思想家。内村鑑三や新渡戸稲造に影響を与えた。『フランス革命史』など。

で、「金にしか関心がなくなる」心理をさしているのです。それが近代人の通弊だというのです。一九世紀初頭の段階で、イギリスのナショナリズムの歴史的淵源を訪ねたカーライルは、「資本主義が音立てて荒れ狂うとき、人びとの心理が金に取り込まれる」と深く嘆いているわけです。

アメリカの南北戦争*は、国内では六〇万人が死んだ市民戦争でしたが、その後、すごい勢いで資本主義が勃興したときに、マーク・トゥエイン*がその時代を指して、gilded age（金メッキ時代）だといいました。つまり、金メッキに目がくらんで、儲け話となればとびついていく、という一八七〇年代のアメリカの姿をそう表現したのです。別に二一世紀の初頭だけ人びとの気分が金銭をめぐってバブルに入ったわけではなく、歴史上、繰り返し起きていた事態なのですね。

資本のことをcapitalといいますが、その語源は先に述べたようにcap、すなわち「頭部」、「帽子」です。金の持主がトップに立つ、それが資本主義というものなのですね。金というものが人間の意識の奥底にまで突き刺さるとき、ほぼかならず資本主義はバブルに舞い上がります。

そしてバブルはかならず崩壊するのです。

バブルという言葉も現代社会にすっかり定着してしまいましたが、これも形容

アメリカ南北戦争
一八六〇年代に起こったアメリカ合衆国における内戦。奴隷制度の維持を求める南部諸州と奴隷解放を求める北部諸州とのあいだで激戦が繰り広げられたが、北部の勝利で終結した。

マーク・トゥエイン
一八三五年生まれ。アメリカ合衆国の小説家。代表作として『トム・ソーヤの冒険』『ハックルベリー・フィンの冒険』など。

の間違いといえましょう。バブルというのは、もともと「泡沫」なのですから、小さいものなんですよね。小さい泡が山ほど溜まっているのがバブル状態のはずなのです。

しかし、金メッキのキャピタリズムにおいて生じているのは、バブルというよりもバルーンだろうと僕は思います。「風船の膨張と破裂」を繰り返してきた、それが証券市場の歴史であったといってさしつかえありません。

今回の世界金融危機は、根の深さにおいて未曾有のものであると思われます。一九二九年の世界大恐慌に学んで、各国はケインジアン・ポリシーを採用してきました。つまり積極財政の意義を完全に否定しているような政府はありません。事実、以前と比べたら「大きめの政府」を作ることよって、社会保障や景気対策などの政府の介入が行われてきた次第です。それにもかかわらず、それを押しのけてバルーンがふくらんでいった、というのが今回の証券バブルで、その崩壊による経済危機はかつてないほど深刻であるといえます。

どういうことか。恐慌の後には、社会の「再編」が起こる。これがどういうものになるのか、歴史を振り返るとその重大性がわかるのです。

世界大恐慌に端を発する一九三〇年代の危機は、その後、各国の国内においてはすさまじい政治闘争、国外に向けては第二次世界大戦というすさまじい殺戮が起こることになったわけです。あのとき、各国の国民が必死に思い起こし、すがりつこうとしていたのは、各国の国民の歴史であったと思われます。

イタリアのファシズム*は、「ローマの復活」を謳い上げようとしました。ファッショとは「束ねる」という意味で、国民の再結束をはかるために、歴史の流れに棹差そうとしたわけです。ドイツのナチズム*も、精神的基盤は同じとみることができます。ナチとは「国民的社会主義」の頭文字をとった言葉で、正しくは軽蔑語です。第一次世界大戦に敗北し、巨額の賠償金*をむしり取られて疲弊していたワイマール体制*のドイツ国家がゲルマンの「血の土」を思い起こせ、という復興運動に起ち上がったのでした。スターリン*のロシアによる一国社会主義*は、自由主義諸国に取り囲まれて、「祖国防衛」を狙ったもので、ここでも「祖国」という言葉が最重要とされました。ソ連では「ノーメンクラトゥーラ」といわれる強固な官僚組織が作り上げられていましたが、これはツァーリズム*・ロシアの官僚体制の復活でした。ここでも歴史への復古が行われたのです。

もちろん、そこで起こった政治現象は、全体主義の陰酸とでもよぶべき事態でしたが、そのイデオロギーが「歴史の復興運動」であったことは疑いありません。

ファシズム
イタリアのベニート・ムッソリーニの政治運動を指すが、広義には全体主義体制をいう。

ナチズム
国家社会主義ドイツ労働者党（ナチス）の理念で、全体主義の一種。ゲルマン民族の優秀性も説いた。

ドイツに対する巨額の賠償金
第一次世界大戦の講和条約であるヴェルサイユ条約において、ドイツは一三二〇億金マルクの賠償金を科された。ドイツ政府は賠償金の支払い猶予を要請したが、反対するフランスによってルール工業地帯を占領された。

ワイマール体制
帝政崩壊後の一九一九年に制定されたドイツ共和国

日本についてはいうまでもありませんが、天皇の名をかざして、大和魂、八紘一宇*という形で民族のシンボルを打ち立てなければ国益が守れない、とみる気運が一九三〇年代の国民的危機においてみなぎっていたのです。

それらより深刻なのが今だ、というのはどういうことか。昔と比べて大きな政府があるにもかかわらず、かくも巨大な金融バブルに飲み込まれた。国際関係を含めて、国家の土台となる歴史感覚というものを、各国民がはなはだしく弱めてしまった、という事実が歴然としてあるからです。

環境運動にはさまざまな批判が出されていますが、ここまで物質文明が進めば、環境のみならず資源の供給体制に危機が訪れる、少なくともその可能性は小さくない、とみなければならないでしょう。実質一五億の人口をもつ中国と、すでに一〇億の人口をもち、出生率が大きいために、いずれ中国の人口規模を抜くだろうと思われるインドとが、物質文明の最前線に躍り出ました。そこで、当然ながら、地球の自然面での基礎もまた傷つくであろう、というのはまことに合理的な推論です。

つまり、今の文明状態は、国家という建物の土台が崩れたのみではないのです。その下の地盤すらもが液状化しつつあるとみなければなりません。そういう状況

のワイマール憲法に基づく極度に理念的な民主主義体制。国民主権のほか、直接選挙で選ばれた大統領を国家元首とするなどの特徴がある。

ヨシフ・スターリン
一八七九年生まれ。ソビエト連邦共産党の書記長として、一九五三年に死去するまで独裁者として君臨した。

一国社会主義
ロシア一国で社会主義の建設が可能だとする考え方。一九二四年にヨシフ・スターリンが主張した。他方、一国社会主義を批判したレフ・トロツキーは世界革命論を展開した。

ツァーリズム
ロシア帝国の絶対君主（ツァー）制体制のこと。

におかれた国家群が、国家のなかで「右だ左だ、改革だ反改革だ」などと薄っぺらな観念で内輪もめを続けていたら、それ自体、「国民統治の家制」つまり国家の倒壊を早めるだけなのです。かつて経験したことのない危機のなかに、今われわれはいるのだというのは少しも誇張とは思われません。

一九三〇年代の社会革命論は、現在については、無効であるということがわかります。ファシズムとナチズムは、中間層という社会階級に権力を握らせようという運動でした。それにたいしてロシアでは、名目上は農民・労働者という下層階級に権力を渡そうとしたけれども、実のところは共産党一党支配＝独裁制であった。日本でも、昭和維新の「二・二六革命*」は失敗しましたが、戦争中に「大衆社会」の基盤が整えられていったのは確かです。一方、力を蓄えつつあったアメリカは「ニュー・ディール革命*」を行いました。あれはソフト・ソーシャリズムです。資本家をはじめとする旧支配層だけではなく、広く一般民衆も巻き込んだ改革を目指したのが、ニュー・ディールであったのです。

このように、世界大恐慌後の諸国では、ソーシャル・クラスの権力闘争の再編成、すなわち社会革命が各国で模索されました。しかし、国家が拠って立つ地盤そのものが怪しくなっている現代では、その動揺のなかで社会革命を声高に訴え

八紘一宇
戦前の日本において、アジア諸国の支配を正当化するために唱えられた国是。「八方の人々が一家に収まる」こと。

二・二六事件
一九三六年、国家革新を唱える陸軍青年将校らによって引き起こされたクーデター未遂事件。

ニュー・ディール革命
世界恐慌にたいして、一九三〇年代にアメリカ合衆国が行った政策。ＴＶＡ（テネシー川流域開発公社）などの公共事業を行った。

ると、国家が崩壊し、国民が生きる地盤そのものをなくしてしまう可能性が大きい。これが現代における危機の真相なのです。

4　ステイティズムかナショナリズムか

日本人は、国家という概念について、ごくあいまいな理解しか持ってきませんでした。現代においてもそれはまったく変わっていません。たとえば、nation-state のことを、日本の政治学者は「国民国家」と訳して、誰もおかしいと思わない。これは、前にも言及しましたが、大変に不思議なことです。

日本語の「国家」とはなにか、と問うてみるとそのおかしさがよくわかるのです。「霞ヶ関」（行政府）が国家だ、「永田町」（立法府）が国家だ、と考える人もたくさんいるでしょうが、「日本国家の歴史」といったようなときに、何を思い浮かべるでしょう。奈良時代の農民はどうだったか、鎌倉の仏教運動*はどうだったのかなどと、「国民」の（生き方や死に方を含めての）生活史や精神史も考えられることが多いと思われます。日本語の「国家」という言葉には、おおよそ常に

鎌倉の仏教運動
　平安時代末期から鎌倉時代中期ごろまでに起こった仏教変革のこと。それまでの貴族中心ではなく、武士や庶民にも広まった。

「国民」という概念が入っているとわかります。そうならば、ネーションが「国民」であり、ステートが国民にたいする統治機構つまり「国府」であることに着目して、ネーション・ステートを「国府」と記すべきだったのです。ただし、奈良時代に国府は地方政府のことでしたので、「府は家と同義である」という理由から、ネーション・ステートを「国家」とよぶということになります。

「国民」を英語に訳せば nation です。nation-state は、一七世紀、三十年戦争*の講和条約としてのウエストファリア条約によってヨーロッパの国境が画定されたことに端を発します。そこで重視されたのは、神聖ローマ帝国*の解体とそれにともなう各国の主権でした。つまり国境線と国家主権が何よりも重要だったのです。その国境の策定に当たって、大まかであっても、さまざまな国民の歴史が、具体的には人種や言語や宗教や王朝をめぐる過去の経緯が参照されておりました。今は、ＥＵ（ヨーロッパ連合）の成立によって、「国境なき時代」、「ボーダレスの時代」、「グローバルな時代」がその地にも訪れているようにみえます。しかし、それと裏表をなして、国家間の軋轢もまた複雑な様相を呈しています。そして、その相克が「国民の相違」に淵源を発していることも明らかなのです。

われわれ日本人は、太古の昔から nation-state に生まれております。そのネー

三十年戦争
一六一八年から四八年のあいだに行われたヨーロッパにおける国際戦争。三十年戦争の終結を定めたウエストファリア条約は近代国際法の基礎とされる。

神聖ローマ帝国
成立は九六二年。初代皇帝はザクセン朝ドイツ国王オットー一世。一三世紀初頭には、選帝侯による選挙で皇帝を選ぶという方式が頓挫して、大空位時代を迎えた。

ション・ステートのありようは変わっていくでしょうし、日本をめぐる国際関係もいろいろと変化を遂げてきたし、その変化はますます激しくなるに違いありません。しかし、われわれは、国家の枠組みを微調整することは可能でも、それを廃棄したりするようなことはできません。というのも、「国家」の基礎には国語（national language）があり、その言葉にもとづいて国民の宗教感覚や道徳感覚が歴史的に形成されてきたからです。スイスやベルギーのように国語を持たないという国民もありますが、それは、一つに、近代国家の例外的存在だと理解する必要がありますし、二つに、言葉の「遣われ方」についてまで考えると、やはり国語があるともいえるのです。

たとえばスイスでは四つの言語圏があって、ドイツ語、フランス語、イタリア語、ロマンシュ語*を公用語と定められています。「スイス語」というものはありませんが、しかし、スイス人特有の英語のつかい方、ドイツ語のつかい方がありますす。それは単なる方言とか訛りとかいうものにはとどまりません。人びとの習慣的な振る舞い方として「スイス的」なものがあるのです。したがって、国語の用法（usage）を考えると、言葉の壁を乗り越えるということは、簡単にできることではないのです。

ロマンシュ語
スイス連邦において第四の国語とされている。インド・ヨーロッパ語系統の一つ。

もちろん、人が multilingual（多言語使用）になることは可能です。しかし、その人の母国語（mother tongue）が言語生活の中心になければ、人間の精神は分裂状態におかれ、失語症も同然の沈黙状態に入るでしょう。

人間の精神は、その成立の大前提というものがあって成り立つものです。精神は、情報を収めるための空っぽの箱（empty box）ではありません。情報を選択し秩序化するための基準がどこかにあるはずなのです。そして、国民であるとこのなかにしか、その国民の生きるための標準というのはないのだ、と認識しておかなければなりません。人間はグローバリズムを生きているのではない、せいぜいが「高度国際化」という状況を生きるにすぎない、ということです。

繰り返すと、nation-state は、国民（nation）のアイデンティティにもとづいて作り上げられる統治機構（state）ということで、nation-state とは「国家」のことなのです。

それを「国民国家」と訳すと、大変おかしなことになってしまいます。日本語の国家の「国」には国民が入っているということが無視されてしまいます。「国」は国民のことでありまして、民主主義の時代においては、統治機構たるステートは国民が作り上げるものです。「主義」という言葉にあまり強い意味を込めずにいえば、「民主主義」と国家主義とはけっして背反するものではありません。「主義」は英語でいえば、ism ですが、日本人は外国語を単純に受け取りがちです。しかし、「ism」には「人びとの振る舞い方」というような漠然とした意味もあります。人間の本性には、「国家への傾き」があるとみなければなりません。いっときそれから離れて自由を味わったとしても、それはたかだか、短期間しか続かないでしょう。

nation に重きを置くのが普通のナショナリズムで、一九世紀にいわれた「国民主義」がそれです。他方、state のほうを重視するのは、「政府主導の国家」としてのステイティズムつまり政府の「統制」を重んじるやり方で、これはガヴァメンタリズム（governmentalism）ともよばれます。

ナショナリズムとステイティズムのあいだで「二者択一」することはできないでしょう。それは、民主主義が普及する以前に福沢諭吉*が書いた『時事新報』の短い論文から、よくみてとることができます。福沢はそこで、「政府は国民の公心の代表なり」と喝破しているのです。

明治一〇年代、国権派*と民権派*の激しい対立がありました。そこへ、福沢諭吉は割って入ったのです。「国権か民権か（という二者択一）は話がおかしい。政府

福沢諭吉
一八三五年生まれ。幕末から明治にかけての日本の思想家。慶應義塾大学の創始者。『学問のすすめ』など。

国権派
明治天皇を中心とする薩長体制を支持する人々。

民権派
自由民権を標榜して、国民の政治参加を拡大しようとする考え方をもつ人々。

は国民の公共心によって支えられるものであり、輿論で支持される者が国政を担当するのである」ということです。そして、「輿論」は、戦後の「世論」とは異なって、「庶民の歴史的常識」をさします。当時はまだ、普通選挙*は行われていませんし、国家の骨格を形作る憲法もありませんでしたが、役人は「国民の公心」を代表するものとして仕事をするのが務めです。国民と政府を分離して二者択一する論は歴史的常識からしておかしい、と福沢諭吉は批判したわけです。

民主主義にあっては、選挙という形で、またマスメディアによる世論形成という作用に支えれて、民意が（議会を通じるという間接的な形で）政治に反映されて、国家の政策が決められていきます。ならば、「国民主義にもとづく統制主義」でなければならないし、「統制主義を予定した上での国民主義」でなければならない、というのが国家の道理です。

ここでもx-y軸でみるべきで、横軸が国民主義、縦軸が統治主義ということになります。ですから、国民主義か統治主義かという二者択一でなく、国際関係をにらみながら両者のバランスを按配していくのが国家のあるべき姿であって、そのバランスの舵取りをするのが政治家だということです。

このごく当たり前の常識が、いろいろな紆余曲折を経たあげくに、今回の金融

普通選挙　日本では一九二五年に衆議院議員選挙法が改正され、満二五歳以上のすべての成年男子による普通選挙が定められた。一九四五年にはすべての成人男女による普通選挙が実現した。

危機をきっかけとして、ふたたび浮上してきております。少なくとも、世界各国の指導者は、国家に「戻るほかない」と、暗黙のうちに認めざるをえない状況になっています。私たちが、この危機的な様相のなかで未来について語るのであれば、最終的に頼れるのは、歴史的に培われた国民のコモンセンスつまり常識であるというのが、明々白々な「真実」なのです。

昔は国民の世論のことを「輿論」と書きました。「輿」とは国民精神の土台、より正しくいえば国民精神を運ぶ常識という歴史的な「車の台」、という意味で使われていたのですね。ところが戦後、当用漢字の制限で、略字による当て字である「世論」のほうが広まってしまい、そして世論は「世間で流行している論」だということになってしまった。では、その論はどこで流行しているのか、と考えると、テレビや新聞で「流行している」気分のことだということになった。「庶民の常識的な輿論」ではなく、「メディアの流行としての世論」にもとづいて国家は動かざるをえないということになった。

「常識とは何か」、それが問題です。「日本の常識は外国の非常識」なんてことをいっていた人がいますが、「国民の常識」が国民ごとに異なるのはむしろ当然のことです。コモンセンス（common sense）つまり「常識」という言葉はなかなか面白い。人の認識はどこでコモン（共通）なのかと考えると、まず、「時間軸で共通」ということが考えられる。ヒストリーつまり「歴史」を共にした者たちのコンテムポラリーネスつまり「同時代性」ということですね。もうひとつは「空間的軸での共通」ということで、これは「社会的なとらえ方」と理解できます。日本でいえば、北海道、沖縄、関東、関西というふうに地域的に区切ってみても、それらのあいだに共通的なものを見出すことができる。これらの「時空における共通の認識」がコモンセンスというものなのです。

英語の sense を日本では「識」と訳してきましたが、これについてもう少し掘り下げて考えてみましょう。

人びとの意見のことを世論といいますが、英語では public opinion です。ところが、opinion という言葉自体がちょっと怪しい。それは、一般的には、「不確かな根拠にもとづく憶測」という意味なのです。これは廃語になったようですが、意見を述べることをオーパイン（opine）といったらしいのですね。「意見を述べる（しばしば、ふざけて使った）」と辞書に書かれています。たしかに、不確かな意見なのだから、大まじめには発言できない。そういえば、日本でも、昭和三〇年ごろまで、「『見解の相違』だから、議論するのをやめよう」という言い方がよくされていました。お互いの意見が確実な根拠をもとにいわれているのであれば、論争は尽きないはずです。しかし、意見は相互にそれほど確かな根拠にもとづいていっているわけではないのだから、見解の相違、意見の相違ということでひとまず議論を打ち切る、ということがよく起こっていたのですね。

それにたいしてcommon senseのsenseは、sentimentsもそうですが、「確かな感覚にもとづく確かな意見」のことを意味するのです。揺るがぬsentiments（感覚）にもとづくsense（認識）、それが常識です。国民としての根本感覚がcommon senseだということをあらためて確認しておかなければなりません。

その上に立って、nationalismとstatismのあいだで国家の舵取りをいかにするかという二面的な選択が重要なのです。そのために、どんな政治家を舵取り役に選ぶかということが、政治のみならず、経済、社会、文化の全般にわたって重要となるのです。

「サイバネティクス」という言葉があります。「サイバー」（cyber）がその語源になっているのですが、これは「情報制御」という意味のアメリカの数学者ノーヴァット・ウィーナ*が作った言葉です。面白いのは、「サイバー」と「ガバメント」とは同じ語源を持つというところで、両方とも「舵取り」という意味なので

ノーヴァット・ウィーナ　一八九四年生まれ。アメリカ合衆国の数学者。サイバネティックスを提唱した。ちなんで、社会的責任を果たしたコンピュータの専門家に贈られるノーヴァット・ウィーナ賞が創設された。

すね。

サイバネティクスによるガヴァメントということを考えるときに、そこにＩＴ（情報技術）は必須でしょうが、ＨＯ（人間組織）も必要です。ＩＴとＨＯが適宜に組み合わされた決定が、「国民の歴史意識のなかに埋め込まれる」ということになります。なぜなら、ＨＯは歴史の産物と考えられるからです。そうでなければ、ＩＴへの極度の依存が世界金融危機を作り出したのと同じ轍を、世界は踏むことになるでしょう。

人間組織を歴史的に創出していく者たちとしての「国民」は、閉じられたものではありません。国際間移動はしないというように国境内に閉塞する者たち、それだけが国民ではないのです。

国家は、世界に開かれており、それゆえ internationalness（国際性）を有している。日本も、かつては朝鮮半島や中国大陸に開かれ、さらにその昔にはポリネシアに向けて開かれていたでしょう。近代になれば、ヨーロッパ・アメリカにも開かれました。

国家の内部をみれば、東北もあれば九州もあるからには、さまざまな地域のあいだの interregionalness（域際性）があり、国土はけっして単色ではありません。

国境内における風土や文化は、微妙なgradation（段階差）をもって分布しております。それにもかかわらず、他の国家と区別されるだけの共通性が地域の土台になるということで、国家が歴史的に醸成されてきたのです。

国家といえば、なにか凝り固まったような実体と思われるが、それは誤りです。外をみれば国際性、内をみれば域際性、それら両面のあいだの、そして両者それぞれの緊張のなかで、どのようにして「日本としての輪郭」が引かれていくか、それをわれわれは「国家」とよんでいるのです。

スペインの哲学者ホセ・オルテガ*は、「皮膚としての国家」という短いエッセイのなかで、国家のイメージをギプスすなわち「拘束衣」のようなものと考えるのは間違いだと指摘しました。「拘束衣」を着ると、強い国家意識に凝り固まることになる。たしかに、日本の近過去を振り返ってみても、「天皇陛下万歳」とか「アメリカを討ちてし止まむ」などと、大変なことになってしまった。

国家は人間の皮膚のようなものです。皮膚は相当に伸縮自在で、それがあってはじめて、三兆個の細胞を持つ有機体として人間は行動することができる。すなわち、国際性と域際性をまとめているのは国家だというところが皮膚と共通しているのです。また、人間の皮膚は、空気呼吸や発汗などで、外部とつながってい

ホセ・オルテガ・イ・ガセット
一八八三年生まれ。スペインの哲学者。『大衆の反逆』『ドン・キホーテをめぐる思索』など。

る。また、皮膚があるおかげで、人間のさまざまな器官が互いのつながりを保ちえている。外部との関係と内部での構成をまとめ上げていることをさして、オルテガは「皮膚としての国家」とよんだのでした。

nationalism と statism の両方がうまく組み合わせているものとしての国家には、伸縮性と安定性を持たせなければいけない。この意味での「国家」の構造をいかに取り戻すか、それなしには経済もばらばらに分解するか、固いギプスに押し込められて錆びついてしまいかねない。国家の軽視から国家の重視という歴史の転換点に、今、われわれは立っているのです。

5　活力・公正・節度・良識をこそ

そう考えていくと、われわれは近代主義そのものを疑わなければならない。繰り返しになりますが、近代はフランス革命から始まったといわれていて、その価値の triade（三幅対）は「自由・平等・博愛」です。この概念の思想的源流は、一七七六年のアメリカ独立革命*にあります。アメリカ合衆国憲法*では、フランス革命ほどはっきり明記されていませんが、やはり「自由・平等・博愛」とい

アメリカ独立革命→アメリカ独立戦争
　イギリスによって統治されていた北アメリカの一三の植民地が、一方的な新しい課税をきっかけとして、「代表なくして課税なし」をスローガンに独立を求めた戦争。一七七六年七月四日、独立宣言が採択され、アメリカ合衆国が誕生した。独立宣言のおよそ半年前に刊行されたトマス・ペインの『コモン・センス』はベストセラーとなった。

アメリカ合衆国憲法
　発効は一七八八年で、世界最古の憲法。憲法の草案作成にたずさわり、のちに第四代アメリカ合衆国大統領に就任するジェームズ・マディソンは合衆国憲法の父とよばれる。

う言葉に充ち満ちているといってよいでしょう。

ところが、このところの経済現象にみられるように、自由主義が自由放任主義になり、優勝劣敗になり、弱肉強食になり、最終的には詐欺犯罪をも市場に繁殖させてしまっている。自由には秩序がなければならず、そして自由と両立可能な秩序は国民の輿論によって与えられます。「国民の欲する秩序」の下での「国民の欲する自由」、それだけが「国民の活力」の名に値するのです。自由の過剰も秩序の過剰も国民のヴァイタリティ（活力）を、少なくとも長期的には、殺いでいくとしか思いようがありません。

「平等」の解釈についてはいろいろあります。人権という概念の中心をなす考え方として、「人は生まれながらにして平等である」といわれます。しかし実際には、「人は生まれながらにして不平等である」というほうがよほど正しいのです。どの時代に生まれるか、どの地域に生まれるか、どの親の下に育てられるか、どういう遺伝子を親から受け継ぐか、どの学校に行くか、その他もろもろの要素によって、人の生き方が大きく左右されます。フランス革命の人権宣言*においてすら、次のように書かれています。

「第6条　全ての市民は、法の下の平等にあるので、彼らの能力に従って彼ら

フランス人権宣言　フランス革命当初の一七八九年に採択された。正式名は「人間および市民の権利の宣言」。

の徳や才能以上の差別なしに、全ての公的な位階、地位、職に対して平等に資格を持つ」

　つまり生まれながらにして能力が平等だということはありえないということが、フランス人権宣言においてすら、はっきりと述べられているのです。しかも、場所や状況によって能力の発揮のされ方にはさまざまな違いがありますので、あらかじめ規定することすらできません。

　たとえば、エコノミストたちは「機会の平等」(equal opportunity) と「結果の平等」(equal result) を区別し、前者を受け入れて後者を排します。これも正しくありません。機会の平等が開かれていたとしても、それは単なる形式にすぎません。平等というからには、形式的な平等も必要だが、何ほどか実質化されていなければ、つまり結果の平等がある程度に実現されていないと、機会をつかむ可能性がないということになります。

　一方、平等が過剰に実質化されると、今度は「悪平等」となり、能力が高い人の機会が逆に剥奪されてしまいます。x-y軸で考えると、縦軸を「ルールとしての形式的平等」、横軸を「パワーによってもたらされる実質的平等」としなければ、平等の意味が見失われます。横軸に近づければ、かつての北欧のような福祉社会の悪平等になり、縦軸に近づければアメリカのような弱肉強食の競争社会となるのです。そして、平等と不平等（格差）のあいだの平衡、それがfairness（公正）だということになります。公正の基準から遠く離れた社会はかならず崩壊に向かうのです。

フラタニティつまり「博愛」についても考えましょう。自分が余裕のあるときには他人にほどこしを与えるわけですが、自分に余裕がなくなると競合（emulation）に精出そうとする、それが人間というものです。博愛を理想として掲げるのは結構なことですが、「競合せざるべからず」という現実を忘れたら、博愛は単なる偽善に落ちていきます。博愛と競合のバランス、それが人間の生き方の基本です。それをmoderation（節度）とよびましょう。節度なき人生は挫折するとみるのが常識というものではないでしょうか。

われわれは、自由と秩序のバランス（活力）、平等と格差のバランス（公正）、博愛と競合のバランス（節度）はどんなものかということを、もう一度考え直さなければならない。このバランス感覚こそが最終の価値だと納得するほかないのです。

「国民主義にもとづく統制主義」と「統制主義を目指す国民主義」における

control つまり「統制」とは、このバランス感覚のことだと考えられます。国民が価値としてのバランス感覚を保持するとき、彼らの政府に、それゆえ国家の全体に安定が保証されることになるのです。

そのバランス感覚が具体的にどういうことなのかといえば、「時と所と場合」、すなわち「TPO」に依存するとしかいいようがありません。簡単な例を挙げれば、官僚が過剰な規制による介入を行うという現実があれば、「規制反対」を唱える。逆に、自由の履き違えでみんなが得手勝手なことをしはじめれば「自由の制限」を唱える。バランスはイデオロギーではなく、一人びとりの国民が状況のなかで「理想と現実」をいかに平衡させるかという、バランス感覚のことなのです。

抽象的には「バランス感覚が国家を支える」としかいいようがないわけですが、具体的には、個々の具体状況のなかでしか語ることができない。国民のバランス感覚は学者が観念論で規定しても致し方ないものであって、国民の生活のなかではじめて意味を与えられるのです。

ここで、「合理性の限界」という認識が必要となります。一般的な形式化・数量化のできない場面でこそ、いろいろな証拠を出し、さまざまな理屈を出し、押し合いへし合いの議論を通して、つまり言論戦のなかで暫定的に国民的価値がみつかるとみる常識が必要です。その上で、ある程度まで言論が進められたならば、ひとまず多数決でもって実践的な国民目標を策定する、それが自由民主主義です。それでうまくいかなければ、「自分たちの議論のどこに間違いがあったのか」と問い直すという意味で、自由民主主義は時間・費用のかかるものなのです。

歴史現象を人間の合理的認識で裁断するという行為は、むなしいものです。合理主義に疑念を差し向けるなら、必要なのは「合理と懐疑」のあいだの平衡だということになるでしょう。合理主義が過剰になって技術主義にはまっていくのも、懐疑主義が過剰になって虚無主義に落ちていくのも、避けなければなりません。両者のあいだの平衡、それを goodsense（良識）とよべば、国民の歴史的な輿論がそれを指し示してくれる、とみてよいのです。エコノミストの合理的処方は、良識をわきまえていないという意味で、むなしき技術主義であることがあらかじめ予告されております。世界金融危機をきっかけにして、実践的認識論に歩を進めなければならない、ということが次第に明らかになっているといえましょう。なぜ実践のことが問題かというと、状況への実践的なかかわりのなかではじめて、国民精神における平衡の具体的な姿が明らかとなってくるからです。

6　フランス革命とアメリカ革命

「アメリカは左翼国家だ」というのは、「合理性の限界」がその地でしっかりと確認されていない、ということでもあります。「自由・平等・博愛」を唱えたのは、フランス国民公会*で左側に座ったジャコバン党員*であり、それがレフト・ウイングすなわち「左翼」の起源だったわけです。国家という存在を考えたとき、自由・平等・博愛を大いにしばしばラジカルに唱導するという点で最も目立つのがアメリカなのです。だから、アメリカは左翼国家であろう、と見当をつけてかまいません。

一八世紀の啓蒙主義の時代に生まれた政治的な意味の「左翼思想」が、一九世紀に入って枝分かれしていきました。片方は大西洋を越えて、アメリカに行き、そこで古典的な左翼が維持されたのです。「アメリカン・フリーダム」と「アメリカン・デモクラシー」（「American egalitarianism（平等主義）」）が、その新大陸での不動の標語となりました。

もうひとつの枝は一九世紀の中葉から socialism（社会主義）という形をとりま

フランス国民公会
　一七九二年からの約三年間、フランス革命の時代に設置された立法機関。

ジャコバン党
　フランス革命時に恐怖政治を行った。中心人物はマクシミリアン・ロベスピエール。

ウラジーミル・レーニン
　一八七〇年生まれ。ロシアの政治家。本名はウラジ

した。マルクス風にいえば、「自由・平等・博愛なんてきれいごとをいってる場合ではない。労働者が迫害されているではないか。個人の自由をいってもしょうがない。『階級』として解放（emancipation）に至らなければならない」。そして、「解放のためには社会革命が必要であり、社会革命のためには前衛党が必要である」とレーニン*が鼓吹するということになりました。ロシア社会民主党*は、ロシア革命*後にロシア共産党*（のちのソビエト連邦共産党*）になったのですが、その共産主義の主張というのは、「個人を充実させるためには、集団として解放されなければならない」という見方なのです。

　近代主義としての左翼は、二つに枝分かれして、アメリカにおいて古典的な形で残り、東ヨーロッパで、そのderivative（派生）としての社会主義、集団主義、統制主義、計画主義となりました。後者は、集団主義のあまりの非効率のために、一九九〇年に崩壊したのです。そして、古典的左翼としてのアメリカニズムもまた、一〇年遅れで明白な挫折過程に入った。そこにわれわれは、左翼主義の崩壊をみなければならない。つまり、「純粋化された近代主義」としての「左翼主義」が崩壊しつつあることも認識せざるをえない。そうなれば、左翼言論が衰弱するのが当たり前であると同時に、反左翼を旗印にした言論もまた斃れるということ

ーミル・イリイチ・ウリヤーノフ。十月革命を成し遂げ、社会主義政権を打ち立てた。一九一九年、コミンテルン設立。新経済政策（ネップ）を策定した。グルジア問題でヨシフ・スターリンと対立した。『帝国主義論』『国家と革命』など。

ロシア社会民主労働党
　一八九八年創立。一九〇三年、第二回党大会で、ウラジーミル・レーニンが指導する左派一派のボリシェビキと、ロシア・マルクス主義の父といわれるゲオルギー・プレハーノフが率いるメンシェビキに分裂した。

ロシア革命
　一九〇五年に起きた「血の日曜日事件」をきっかけとする社会主義革命。二月革命ではニコライ二世が退位、十月革命ではレーニン

になるのです。それればかりか、アメリカニズムに迎合することをもって「保守」と自認してきた自称の反左翼は、左翼的反左翼という珍妙な思想にすぎないということも、そろそろ確認されてよいころだといわなければなりません。

を議長とする人民委員会議が設立された。一九二二年、ソビエト社会主義共和国連邦が樹立された。

ロシア共産党
　ボリシェビキの率いるロシア社会民主党が改称して誕生したもの。

ソビエト連邦共産党
　シンボルは鎌と槌。一九五二年に正式に発足。一九八五年、書記長に就任したミハイル・ゴルバチョフはペレストロイカを実施。一九九一年八月にクーデターが発生したが、ロシア共和国のボリス・エリツィン大統領によって鎮圧された。ゴルバチョフは同党の解散を宣言。一九九一年には史上初の大統領選挙が行われ、初代ロシア連邦大統領にボリス・エリツィンが就任した。

第3章　自由交換のデマゴギー——狂気の暴走

1　競争とはなにか

漢字の「競」という字が、ふたつの同じ形の字が並んでいることから察せられるように「同じような人間が立ち並ぶ」ことをさす、そのことについてはすでに確認しました。元来、「競う」とは「おおよそ同等の力量を持った人間同士のゲーム」なのです。前章で「競合」(emulation) について触れましたが、その概念もまた、似たような範囲に収まるような人間同士の振る舞いなのです。

また、競争の「争」の字は「引っぱりあう」という意味ですから、「競争」というのは、互いに匹敵する力量のもの同士が引っ張り合って、その時の調子なり、時の運でどちらかが勝ったりどちらかが負けるという意味合の言葉なんですね。

確認したいのは、競争にあっては「範囲としての平等条件がある」ということです。それがなければ、競争のためのフィールドが、相撲でいえば「土俵」が、設定されえません。つまり、「範囲としての平等条件」は「競争の成立条件」なのだということが、「競争」ということば自体のなかに含意されております。

競争は英語で competition ですが、やはり同じ意味です。com は「共に」ということを表す接頭語で、competeは「一致する」、もっといえば「匹敵する」ということなのです。たとえばゴルフの「コンペ」、これも競争ですね。コンペでは、レベルの違う参加者を似たような範囲に収め、勝つチャンスができるだけ同等になるために「ハンディ」があり、能力が劣った者にあらかじめ得点を加点しておきます。

漢字の世界でも英語の世界でも、競争には大前提として、大なり小なり「範囲としての平等条件」があるのだということを、多くの人間、とくにエコノミストが忘れています。

経済学の教科書には、もっとも原始的にして基本的な概念として、「完全競争*」(perfect competition) というものがあります。それは、個々の競争参加者が「完全情報」を持っていて、何もかもを知っている、その点で完全平等であると想定されています。もう一つの大前提は、マーケットの競争に参加する者たちは、「たくさんのちっぽけな単位」(many small units) である、ということです。つまり、これらたくさんの者たちは、「小さきことにおいて平等である」という前提があるのです。こんな平等条件はとうの昔に消失しているのに、エコノミストはその古き教条を後生大事に抱えております。というより、教科書における

完全競争
市場に多くの売り手・買い手が存在し、需要と供給が一致する均衡点によって価格が導かれる状態のこと。売り手・買い手ともに価格を所与として行動するため、売り手は利潤最大化を、買い手は効用最大化を目指して、それぞれ供給量と需要量を決める。

dogma（独断）の世界が目前にあるとみる錯視減少がエコノミストたちの視界に生じているのでしょう。

2　市場価格の意味

経済学の原論では、価格（price）は、parameter（媒介変数）の役割を果たしています。「小さな主体」は、マーケット全体を見渡すことができません。自分がみることができるのは、マーケットでどんな価格が指示されているかというごく限られた情報でしかないのです。それを媒介にして、生産者は「この価格ならば、利潤を最大にするには、これだけの量を供給しよう」と決め、消費者は、「この価格ならば、効用を最大にするには、これだけの量を需要しよう」と決める。そこで需要と供給に差が出たとしたら、auctioneer（競売人）が現れて、「需要のほうが多ければ価格を上げ、供給のほうが多ければ価格を下げる」という行動を繰り返す。そのうちに、需要と供給が一致して「市場均衡*価格」が達成される、そうみなすのが市場理論の標準です。

問題は、many small units が価格をパラメータとして行動するというのが、そ

市場均衡　市場において需要量と供給量が一致する状態のこと。

もそも異様な想定だという点です。

第一に、オークショニアがいるようなマーケットは、たとえば証券市場や、生鮮食料品市場の一部にしかない。小売業で考えてみればそのことがよくわかります。pricing（価格付け）をしているのは誰でしょうか、小売商人ですね。それは「これだけの値付けをすればこれだけ売れるだろう」という主観的判断にもとづいて行うのであり、その判断が失敗して売れ残りが生じれば、在庫が増えることになります。製造業でいえば、「資本や労働の稼働率が小さくなる」ことになる。それをみて供給者は次には低い価格付けを行います。反対にもし売れ過ぎれば、在庫が減少する、あるいは労働・資本の稼働率が高くなる。それをみて、供給者は価格付けを高くしようとする。

この価格付けは、「将来への期待（予想）」にもとづいて行われる動態的な過程です。世の中が静穏でしたら、価格付けもやがて安定するでしょう。しかし、社会が激動している場合には、価格付けが楽観に舞い上がったり、悲観に打ち沈んだりすることもあります。そのせいで、社会がさらに激震させられるということにもなりかねません。

そのほか、市場形態には monopoly（供給独占）*、oligoploy（供給寡占）*、monopsony

独占
市場で供給者が一社のみの状態のこと。トラスト、カルテル、コンツェルンといった形態がある。

寡占
市場で供給者が少ない状態のこと。

（需要独占）、oligopsony（需要寡占）などさまざまありますが、多数の生産者・消費者が、自分で時間をかけてプライシングしていくのが、多くのマーケットの実際の姿です。これについては、第5章の第3節で再述しますが、価格は完全競争市場で決まるものではなく、主観的な予想で価格付けの決断が行われるのです。その意味で、完全競争は（論理の単純化のためにというよりもむしろ）市場の正当化のためのものだということを認めてかからなければなりません。価格付けするときにどれだけ情報を集めるか、消費者にどんな宣伝活動をするか、従業員など労働者をどれだけ働かせるか、などをめぐって政治的、社会的慣習、文化的価値などの諸要素も作用する形で、プライシングが行われる、それが現実の「いちば」（market-place）なのです。

こんな初歩的なことをわざわざ確認したのは、市場原理主義が、原理としても、空想も同然の虚構にすぎないことをいわんがためです。市場制度は、たしかに、文明の偉大な発明品ですが、それが文明への凶器になることもありえます。そのことが価格付けという経済学のイロハにおいて、すでに示唆されております。そんなものを文明進歩の唯一の利器として宣伝するのは、度し難い教条主義だといわずにおれません。

3　市場の成立条件

「範囲としての平等条件」がなければ、自由競争も自由交換も行われないわけですが、そこで「範囲としての平等という条件が、どこでどのように形作られるのか」という問題が生じます。まず認めなければならないのは、「その条件は市場の外部において整えられる」ということです。

わかりやすい例として、社会保障（social security）のことを挙げましょう。多くの人びとに教育を与える、情報を知らせ、健康を維持させ、移動のための手段を保障する。そのような広い意味での社会保険*（social insurance）の枠組みがあってはじめて、市場に参加する人たちのあいだに「範囲としての平等」が保証されるわけです。市場の外での社会保障活動は中央政府や地方政府によってgovern（統御）されるのが普通です。つまり、市場成立の前提条件として社会保障の「統御」が働いているのですから、政府活動から自由な市場活動などというものは原則としては考えにくいとわかります。

もうひとつ、市場内部の問題があります。先ほどから「消費者」とか「生産

社会保険
医療保険（健康保険・船員保険・国民健康保険・共済組合）、労働者災害補償保険、雇用保険、介護保険、年金保険（国民年金・厚生年金・共済組合）の五種類を指す。

者」という言い方をしていますが、その意味をもっと考えてみましょう。基本的に家族の活動の場としての家庭、そこで消費が選択され実行されます。家族という集団が消費の担い手だということです。

家庭がどういう種類の組織なのかは、ここでは詳しくは言及しませんが、家庭は集団的・組織的な性格のものですから、消費行動を証明するのに経済学のみならず政治学、社会学、文化学のすべてが必要になるのは当然のことです。家族が集団・組織であるからには、それの安定化が図られなければなりません。その経済の内部における安定化の措置もまた社会保障に該当するのですが、その内部の社会政策には、経済的のみならず、政治的、社会的、そして文化的な配慮が必要だということを押さえておかなければなりません。たとえば、performativism（成果主義）で、集団・組織の成員を評価するというやり方は、そうした総合的な配慮を欠くものなのです。ここでも市場原理主義は、個人主義的な歪みのせいで、原理として崩壊しているといわざるをえません。

供給側にいる企業についてはどうでしょう。企業は英語で enterprise ですね。enter は international の inter と同じで、「間に」という意味ですね。フランスから来た言葉「アントレプレナー」（entrepreneur）も同じ意味で、「間をとる」ということです。商売というものがまさにアントレプレナーに当てはまります。「安く買って高く売る」ことによって収益を得るということです。商業活動だけではなく、生産活動においてもこの言葉はあてはまります。たとえば、何年間かの研究開発を行って、いま作っている製品よりも性能のいい商品を開発して、将来において売ろうと企画する。これは、「現在と未来」の間をとってお金を稼ぐというやり方ととらえられるべきです。その意味において企業という日本語は、enterprise という英語に正確に対応します。

企業を表す訳語はほかにいくつかあります。いちばんポピュラーなのは firm ですね。ファームとは、「確固としている」という意味です。ここでは、企業とはそう簡単につぶれないはずのものとみなされています。なぜか。それは、ファームにおける人間関係が、ある程度固定されているという意味だと考えられます。企業とそこにかかわる下請け、取引商店、取引銀行、顧客、社内ではブルーカラー、ホワイトカラー、マネージャーなどの関係がある程度しっかりしていてはじめて企業は going concern（継続的事業体）となれるのです。そのときに企業はファームと訳されるのですね。ほかには company があります。これは「仲間」という意味ですね。「仲間」といえば固定的な関係を表します。一期間だけの仲間というのはそうないわけで、普通は何年も続く継続的な関係をカンパニーとよびます。

これらから示唆されるように、企業という生産者は、ある程度固定した人間関係を持つという意味で、組織的な性格を持つわけです。もう少し限定していうと、組織とは、一つにメンバーのあいだで「共同の目的」が共有されていて、二つにメンバーの「役割関係」が体系化されているということです。「目的と役割」が明確になっているのが組織で、それらが amorphous（無定型）であるのが group（集団）だ、とみてかまいません。

家族であろうが企業であろうが、組織であるならば、ある程度の平等条件を必要にします。

たとえば夫婦間において、あまり亭主が専制君主だと女房は逃げるものです。逆もまたしかり。親子関係もそうで、家庭内に世代間の平等がなければならないのです。企業においても、いくら上司が部下を指揮する立場にあるとはいえ、あまりにも横暴な指揮命令を行えば、部下たちはいずれ反発します。つまり組織の安定のため、ある程度の平等条件が満たされていなければなりません。

マーケットの需要・供給のバランスがどのようにして達成されるかを考えると

きの重要な点は、組織という要因にかかわって、ある程度の平等条件が保障されているということです。一方では市場の外部から、政府を経由して（税金や諸制度という形での）平等条件の保障が提供されます。他方では、市場内部の組織を経由して平等条件が与えられる。そうなってはじめて、自由交換のためのマーケットが成り立つのです。それが現実ですし、人間の経済行為をより広い視野でとらえて、ある程度に平等な人々のあいだの意思疎通の場とみなせば、原理としてそうなるのです。純粋経済学という虚構しか知らないというエコノミストの精神の狭さが、市場経済の現実を大きく歪めてきたのでありまして、いわば「精神のテロリズム」とでもよぶべきものが現代の市場制度を大混乱に落とし入れました。

わかりやすい例でいえば、「日本的経営はもういらない」という議論において、「日本的経営は組織である」、「組織は個人を抑圧する」、「それゆえ、日本的経営を廃棄して、アメリカ式の個人と個人の契約の場を作り出そう」と主張されました。つい昨日までの日本のエコノミストはまるでアメリカの放った「トロイの木馬*」のごとくに言動していたといえるでしょう。

彼らが、いわゆる社会契約論*のことを本気で考えているとは思われません。なぜなら、いかにすれば「契約の場が成り立つか」ということについての考察がな

トロイの木馬
トロイ戦争で、オデュッセウスは木馬のなかに人を隠して、敵陣に乗り込み、勝利した。

社会契約論
国家と市民との間で結ばれる市民の権利に関する仮定の契約をいう。ホッブスやロックらよって確立された。社会契約という言葉を初めて用いたのはジャン＝ジャック・ルソーといわれる。

いからです。契約は、情報面でおおよそ対等な力を持った者同士で成り立つということが、看過されています。その結果「自由・交換・契約」を一本槍のように突き出すだけの市場論が広がってしまった。これこそが経済学的思惟の最大の弱点がむき出しにされた状態だといわなくてはなりません。

ここで、「しじょう」と「いちば」の違いを確認しておいたほうがよいでしょう。現実の市場は、x軸は自由競争・自由交換であり、y軸は規制制度・組織保護であるとすると、その二次元空間のなかに市場があるのです。それが「いちば」（市場）であり、英語の market-place がそれに対応します。y軸を消去してx軸だけで問題を扱おうとしているのが理論上の「しじょう」（市場）であり、それは仮構というよりも虚構です。

もちろん、これはモデルであり、モデルによる単純化の意義そのものを否定することはできません。しかしこのように二元空間を一元軸に縮退させてしまうのは「過剰な単純化」であって、学問として受け入れるべきものではないのです。

一七世紀イタリアの哲学者ヴィーコ*が、デカルト*派の人たちを批判して、「すべてを単純化する恐ろしい人たち」と形容したことがあります。これはデカルト本人というよりも、「カルテジアン」つまりデカルトの合理的思考にかぶれた人

ジャンバッティスタ・ヴィーコ
一六六八年生まれ。イタリアの哲学者。デカルトの合理主義を批判し、歴史主義を提唱。『新しい学』『諸民族の共通性質についての新科学原理』など。

ルネ・デカルト
一五六九年フランス生まれ。哲学者。近代哲学の父と称され、「我思う、ゆえに我あり」の命題で有名。

たちにたいする皮肉です。デカルト派がすべてを単純な数学的世界のなかに溶かしこもうとしたのにたいして、「歴史現象とはそういうものではない、人間の世界とはそういうものではない」ということをヴィーコはいわんとしたのです。「何もかも単純化する恐ろしい人たち」の現代における見本、それがエコノミストたちだというのは今や明白です。

市場の「市」という字は、もともと「たいらか」という意味です。字の形がほぼ左右対称になっていて、いわばてんびんを担ぐ形になっている。「市」という言葉の原義は、「公正な取引が行われる場所」ということです。「しじょう」では、単に取引が行われるだけでなく、それが「公正な」取引であるということが、大切な条件として織り込まれているのです。そして、公正のためには「範囲としての平等条件」が前提条件になっているとみなければなりません。そうでなければ、そもそも「市場の成立」が覚束なくなるのです。

4　公正価格の必要性

実は、古代・中世の昔から、「ジャスト・プライス」という考え方がありました。一三世紀の哲学者、トマス・アクィナス*の『ニコマコス倫理学』にも「価格については fairness（公正）が必要である」と書かれています。他の言葉を使うと、justness（適正）が必要だということです。公正・適正でなければ、取引が順調に進まないということを、中世キリスト教世界は理解していました。最近、イスラム金融が脚光を浴び、「利子をとるのは適正かどうか*」という問題が、イスラムの戒律との関係で問題になることがあります。中世では、イスラムからの影響もあって、キリスト教社会でも同じようなことが議論されていたのです。

市場に参加する人たちが互いにおおよそ平等であるという条件がなければならないというのなら、そこで取引される価格・数量もおおよそ適正・公正でなければなりません。これは、一八世紀の経済学者アダム・スミス*の『国富論』に、natural price（自然価格）という概念として出てきております。「ナチュラル」ということについては、いろいろな解釈が可能です。一番自然な解釈は「おのずと成立してくる」という価格ということで、それが中心になければ、マーケットが存続しえないと当時は気づかれていたのです。

公正・適正な価格がなければ、「今後、価格はだいたいこの程度の範囲内で上がったり下がったりする」という見込みが立ちません。価格の将来予想があまり

トマス・アクィナス
一三世紀のヨーロッパの哲学者。スコラ学を大成させた。『神学大全』など。

イスラム教と利子
イスラム法では利子をとって金銭を貸し出すことが禁止されている。ただし、利潤は認められている。

アダム・スミス
一八世紀、イギリスの経済学者・哲学者。経済学の祖といわれる。『国富論』など。

に不安定になるということです。そうなれば、将来計画を立てることができなくなります。子供を大学に入れたいが、大学の学費がどれだけ上がるかわからないということになれば、子育ての計画が立てられません。自動車を買おうとしても、ガソリン代がどうなるかわからなければ、買えません。価格というものは、少なくとも短期間においては、そう簡単に変動してはいけないものなのです。

価格が custom すなわち「慣習」の範囲のなかに収まっていてはじめて、マーケットが機能するのです。そのことを認めるのが市場を理解するための第一歩だとしなければなりません。

需要者の側からいえば、「価値は上がってこのくらいだろう」、「これ以上に上がると不当な価格だから、需要を差し控えたい」という考え方になります。逆に公正と思われる価格より低くなれば、「好都合だから、より多くのものを買っておこう」ということになるでしょう。横軸に数量そして縦軸に価格をとれば、「公正価格以下なら買う量を増やすが、それ以上ならあまり買わない」というふうに折れ曲がりの需要曲線になります。供給曲線でいえば、公正価格よりも値下がりする局面においては、物を作りたくない、供給を差し控えたいと思うでしょう。公正価格を上回る価格となるなら、喜んで供給を増やしましょうということになる。

経済学の教科書で示されている「なめらかな右下がりの需要曲線、なめらかな右上がりの供給曲線」の交差点で適正価格が決まる、というのはばかげた話です。適正価格をめぐる均衡点の近傍を顕微鏡で拡大したもの、それが経済学の教科書に書かれているのにすぎません。公正・適正な価格は「範囲として成り立つ」のだと思われます。先ほどの「範囲としての平等条件」に連関して「価格変動の適正幅」が想定されているのです。そうであるときにのみ、「公正な取引が行われている」という共有観念が社会にもたらされるということになりましょう。

なぜ、このことが経済学で無視されたのでしょうか。「公正観念は慣習で定められる」ということになると、慣習はあくまで社会学的および心理学的要素であるため、経済学に包摂することができません。需要も供給もみな個人の問題だ、と経済学はみなしたいのです。かくて、経済学においては、公正・適正な価格・数量の近傍を拡大してみせるという誇大妄想狂的な世界、それが「しじょう」とされる有り様です。

マルクスが強調した「搾取*」(exploitation) の概念も、この公正・適正の観点から光を当てなければならないでしょう。彼の搾取理論それ自体はほぼ完全な間

搾取
マルクス経済学にあっては、生産手段を持たない生産者によって生産された生産物のうち、剰余労働による生産物を、生産手段を所有する資本家などが無償で取得すること、とみなされている。

違いです。マルクスはこういいます。「商品の価値はそこに投入された労働量によって決まる。労働者には生存最低水準の賃金しか与えられないので、それ以外のものは剰余価値（surplus value）であり、その剰余価値は、資本家が搾取する」。

そもそも、生産には資本のサービスも関係しています。資本設備がなければ労働者は何もできないわけです。また、そもそも労働については時間というものだけでなく、労働の性質や密度も考えなければなりません。「労働価値説*」は、廃棄されてしかるべきでしょう。

しかし、搾取の観念それ自体には、正当性があります。その意味はマルクスのいうところとは違います。もしも市場の価格が公正価格の範囲から大きく逸脱した場合、「市場に成立している価格は不公正である」いう個人心理および社会心理の判断が下されるでしょう。そういう不公正感のことを「被搾取感」とみるならば、マルクスが一九世紀前半のあの状態をみて、「あまりにもひどい賃金しか労働者は得ていない」と考え、それを「搾取」とよんだということについては一理も二理もあるといわなければなりません。

人々が市場行動に入る前に、「こういう価格が公正であろう」という判断を持っているはずです。需要と供給が一致せず、商品が売れず、結局、大量の失業者

労働価値説　生産に投じられた労働量が商品の価値を決めるという考え方。

が出る場合、失業者たちは、万やむをえず、安い賃金でも働かなければならなくなります。「どうしてこんな安い賃金で自分は働かなければならないのか」という不満感、焦燥感、疎外感は打ち消しがたく残る。このような不公平感を近代経済学はごまかしているのです。社会的公正という観念が近代経済学にはないものだから、市場に現れたものはすべて自発的な行為だとみなしているだけのことなのです。市場こそは、需要者と供給者の自由意思が折り合う場所だ、というわけです。これは個人主義を正当化するためのイデオロギー的偽装とみてさしつかえありません。

人は、自分からみて不公正な状況を受容するとき、本当に自分で慎重に熟慮した上でそうすることもあるでしょう。しかし、たまたま世間の流行に煽られてしまったが、時経たずして、「自分は何でこんな流行にのめり込んだんだ」と、宣伝・煽動をたくましくしたメディアにたいして不信感が増すこともあるでしょう。もっといえば、本当はやりたくないが、自分の落ち込んだ状況からして防衛的、非自発的に、不公正な状態を受け入れるということもあるわけです。

わが国のサラリーマンの例で考えてみましょう。自分は貧しいので都心には暮らせず、はるか郊外の駅から遠いところに住まなければ妻子を養えない。致し方なくそこに家を買った。それは自発的行為だとみえるけれども、「便利なところには買えない」から、やむをえず、駅まで行くために車を買いましたとか、朝早く家を出て延々と通勤するというようなことになる。「家を買った」という結果だけでその人の意思のすべてを自発的だとみなすことはできない、そういうことが大いにあるのです。

人間心理の社会的連関や潜在意識と顕在意識のあいだの重層的な連関についての洞察が経済学にはない。実に子供っぽく、選択はすべてvoluntary（自発的）だと想定するところにエコノミックスは成り立っております。

「公正観念」は社会的な価値（social value）の中心です。人間の価値感覚にも規範意識にも、すでに社会的な基準が強かれ弱かれ影を落とし、個人の選択に影響を及ぼしているということを、経済学は等閑視しております。経済学は、社会の均衡を個人主義の見地から正当化するのに奉仕する、まことに強引なイデオロギー（固定観念）なのです。

5　ケインジアン・ケースこそが基本形

この経済学のイデオロギー性に気づいている経済学者は何人もいました。

その代表的一人が、ジョン・メイナード・ケインズです。社会学や心理学や政治学についてケインズが格別の勉強や思索をした形跡はありません。しかし、豊富な直感力と、ロンドン証券取引所や（ロンドンのブルームズベリーに集まっていた、いわゆるブルームズベリー・クラブ*の）芸術家たちとの交流で得た経験的判断によって、「マーケットとは硬直的（rigid）なものだ」、「価格や数量は伸縮的には動かない」という洞察を持っていたのです。

三つだけ例を挙げましょう。労働者は、ある水準以下の賃金では働こうとはしないという洞察をケインズは賃金の「下方硬直性*」（downward rigidity）と名づけました。これは勤労者の平均的な心理をおおざっぱに表すものとして、当たらずとも遠からず、といえましょう。

また、投資の「限界効率逓減*」（decreasing marginal efficiency）の概念を唱えました。投資が増やされれば企業組織に混乱が生じ、危険も高くなります。そのほ

ブルームズベリー・クラブ
二〇世紀初頭に、ロンドンのブルームズベリー地区にあった、芸術家や学者からなる組織。作家のヴァージニア・ウルフやサマセット＝モーム、哲学者のバートランド・ラッセルもクラブの一員といわれている。

下方硬直性
価格が下がりにくくなること。賃金においてこの傾向が顕著だといわれた。

限界効率逓減の法則
一八七〇年代にウィリアム・スタンレー・ジェヴォンズ、カール・メンガー、レオン・ワルラスらによって確立されたもので、消費の最後の一単位がもたらす効用が（消費の増大につれて）減ること。ゴッセンの第一法則ともよばれる。

かにさまざまなリスクが投資にはつきまとうのです。つまり、投資の規模が増えるにしたがって、一単位あたりの投資効率は小さくなるだろうと予想するのがケインズの「投資論」なのです。さらに、消費についていうと、消費者は利子率の高低にすぐさま反応して貯蓄を増減させようとしない、つまり消費は所得にのみ反応するとケインズは考えました。

このようにケインズは、市場のあちこちで、ある種の屈折・湾曲といった硬直性がみられると考えました。

しかし、ケインズ以後の、第二次世界大戦以降の経済学者たちは、アメリカの市場においてこのような状況を発見しては、「ケインジアン・スペシャル・ケース」とよびました。すなわちケインズが論じたのは「特殊な場合」とみなしたのです。しかし、「マーケットは硬直性を持っている」というケインズの想定はむしろ一般的だといってよいでしょう。企業や政府といった組織にかかわっている以上、そして、組織は時間と費用をかけてしか変更されえないからには、市場を短期的には硬直したものとみるのが標準的なのです。

アメリカの「ネオクラシカル*」(neoclassical)な経済学者が考えたような、非常にスムーズで合理的な人間の行動、フレキシブルに物事が動く世界、そのよう

ネオクラシカル
新古典派経済学。マクロ経済学にはケインズモデルと新古典派総合の二つの分析方法が存在しており、新古典派総合は、完全雇用が達成されたら、政府による市場介入はすべきでないという考えをもつ。

な場合はほとんどイリュージョン、幻想に当たるといわなければなりません。
ケインズは、その時代感覚において、marginal man（境界人）です。ケインズの生きてきた世界は、ヴィクトリア朝*からエドワード朝*およびジョージ朝*の大英帝国です。そこでは、慣習が音を立てて崩れはじめ、新しい変革が立て続こうとしていました。ケインズはそういう変化の時代に生きたのです。つまり、社会の慣習は一部で強く残存しつつも、他の一部では激しく動揺しておりました。
ケインズが死んだのは一九四七年ですから、その後六〇年以上経った今、「慣習の崩壊」はより一層進みはしました。しかし、その間も、人びとは慣習なしに生きているわけではないと同時に、うち続く変革のなかで生き続けているわけです。ケインズはそれを crisis of confidence とよびました。「確信の危機」はいまでも続いております。今回の金融危機では何が崩れたのか。アメリカではあらためてケインズのことが思い起こされて、「信頼の危機」などといわれています。われわれは、依然として、「他者と未来（への期待）に信頼を寄せずしては生きられない」、「過去からの伝統にある程度の確信を持たずしては生きられない」。また「確信が大きく揺らいでいるにもかかわらず、その確信が完全に消失していない」という不均衡状態のなかで生きているのです。つまり、ケインジアン・ケ

ヴィクトリア朝
一八三七年から一九〇一年、ヴィクトリア女王が統治していた時代のこと。産業革命により国家がもっとも繁栄した時代といわれている。

エドワード朝
一九〇一年から一九一〇年、エドワード七世が統治していた時代のこと。この間、日本とイギリスは日英同盟を結んでいる。

ジョージ朝
一九一〇年から一九三六年、ジョージ五世が統治していた時代のこと。

ースは今も生きているという観点からマーケットをみていくべきでしょう。そういう不均衡事態が限界に達していることをさして、ケインズは「レッセ・フェール（自由放任）の終焉」とよんだわけです。

6　ハイエク問題

フリードリヒ・フォン・ハイエク*はケインズよりもやや年の若い人で、単なる経済学者の枠を超えて、社会哲学者としても現代思想に強い影響を与えました。しかし彼もまた、ケインズ同様にしばしば誤解されております。「ハイエクは新自由主義で、ケインズは新社会主義だ」などと論じられることがありますが、そういう単純な理解は間違いです。ハイエクは、たしかに表面上は一九三〇年代の、ファシズム・ナチズム・スターリニズム*という全体主義に政治的に抵抗した自由主義者ですから、その文脈で読めば、彼は個人の自由を最大限に強調したとみえます。だから、「自由主義者」のレッテルが彼に貼られています。しかし、ハイエクの全著作を眺めれば、彼はアメリカの市場原理主義者、ミルトン・フリードマン*とは似ても似つかず、「さすがヨーロッパの社会哲学者だ」といいたく

フリードリヒ・フォン・ハイエク
一八九九年生まれ。オーストリアの経済学者、哲学者。一九四四年に『隷属への道』を発表。理性主義を批判し、「自生的秩序」を重視した。一九七四年、ノーベル経済学賞受賞。

スターリニズム
ソビエト連邦のヨシフ・スターリン政権における官僚主義や粛清、秘密警察の横行、個人崇拝などを特徴とする独裁的な政治・経済体制。

ミルトン・フリードマン
一九一二年生まれ。アメリカの経済学者。金融政策を重視するマネタリズムを提唱。一九七六年にノーベル経済学賞を受賞。『資本主義と自由』など。

なるぐらい、奥行きのある人物なのです。

彼のいう「自由」は、いかにもヨーロッパ的に、「自生的秩序（spontaneous order）」に根差しています。つまり、「長い歴史のなかで、おのずと生まれてきたものとしての秩序がマーケットの基礎にあるし、あらねばならない」ということを、ハイエクはまず前提としているのです。それは、無秩序なところに個人たちが現れて、勝手に自分らの欲望と打算で自由な交換を行うという、「歴史なき北米大陸」の自由主義とは全く逆です。

歴史なき場所で大がかりな秩序を作るやり方を、ハイエクは contructivism（設計主義）とよんで、それが全体主義の源となると批判したのです。アメリカの個人主義・自由主義は、一見したところ、設計主義の逆を行っていると思われます。しかし、そうした主義に偏向するのも、社会価値における設計主義だといわなければなりません。そうであればこそ、「個人の自由」が無秩序を招来したとき、アメリカ社会には conformism（画一主義）に頼るしかなくなるのです。

歴史という土台があって、おのずからなる秩序が、消費者にも生産者にもマーケットにもあるとされています。しかし、その秩序はがんじがらめのものではありません。社会の「歴史的な構造」という範囲のなかで、人々は、自分の個性や特徴を生かして、さまざまな自由な取引を行っている、と考えるのがハイエキアンなのですね。

そのことを無視してハイエクとケインズを対立させて考えるのは、大きな間違いです。言葉を替えれば、ハイエクは生物学でいう「ホメオスタシス」つまり「動的な恒常性」のような過程として社会の動きをとらえ、その姿形は歴史によってもたらされると考えたのです。この動的恒常性の社会において、人々が個性を発揮し差異を競い合う、そういう意味での「自由」をハイエクは考えました。つまりハイエクの世界では、歴史にもとづく社会の安定性、人間関係の恒常性というものがあるとした上でのマーケット肯定である、ということを忘れてはなりません。

ハイエクはもう一つ大切なことをいっております。それは「近代文明は否応なくgreat societyを作り出してしまう」ということです。greatは「偉大な」という意味ではなく、単に「大きい」という程度の意味ですね。「隣の村には行ったことがありません」とか「外国のことなど想像でしか考えられません」という時代と違って、人びとの振る舞いはグローバル、広域的になっております。人びとが非常に広域的に関係するという意味でのgreat society（大きな社会）ができている、というのがハイエクの主張です。

しかし、そういうハイエクも「境界人」の両面性があるのです。彼は、一方では歴史の「自生性」を強調すると同時に、他方で「大きな社会」では外部との接触が激しくなりますので、changing society つまり「変化する社会」を想定してもいるわけです。

homeostatic（恒常的）な社会と、changing な社会という両面性をみて、マーケットが両者をうまく媒介し調整してくれるのではないかと期待したのが、ハイエクの理論なのですね。これはホメオスタシスに一顧だにしないような market mechanism（市場機構）を理想とするアメリカ的な自由主義論とはかなり異質なものです。その意味では、ハイエクとケインズは、仲はよくなかったのだけれども、通底するところがあります。これからの経済は、「ケインズ問題」と「ハイエク問題」の両方をしっかりと見据えていかなければなりません。

ホメオスタシスとチェンジング・ソサイアティの両方を何とか両立させようとするハイエクの考えにおいて、「変化」がどのようなものであるかというと、「gradual（漸進的）な変化」ということになります。そのことを強調すると、ハイエクはコンサバティブ（保守思想家）だということすらできます。

ここで保守思想について簡単に押さえておきましょう。「保守思想のエッセンス」とは非常に簡単なもので、つぎの三つから成立しております。

一つは、「社会は organic（有機的）な性質を持っている」ということです。社会は、mechanic（機械的）、機械的に設計されるものではなく、歴史のなかでおのずと生長してくる、相互依存の有機体的な関係だということです。

二つは、「人間の認識も社会の変化も、漸進的なものであるし、そうでなければならない」というものです。急激で大がかりな変化を起こすと、個人も社会も存立の根拠を失う、と考えるという意味での漸進主義（gradualism）です。

三つには、懐疑主義（skepticism）です。これは言葉通りの「疑う」という意味ではなくて、「人間が考えることは誤謬を含んでいる」、「完全な真理に到達することはありえない」とみるということです。人間は何らかのアイデア、プラン、アクションで変革を起こすほかないのだが、その根底をなす自らの認識そのものが不完全を免れえないので、そのことに懐疑を抱けば、そう簡単に「自分の理想や計画や活動に飛びつくわけにはいかないだろう」ということです。

「社会についての有機体説」、「変化についての漸進主義」「認識についての懐疑主義」、この triade（三幅対）が保守思想なのです。ハイエクは基本的に保守思想の考え方に立っていたといえるでしょう。

それに比べるとケインズは実践家ですから、自分の不確かな認識にもとづいて社会に「あれをやれ、これをやれ」と、いわば social engineering（社会工学*）に味方しました。その意味ではケインズは進歩主義者、近代主義者であり、二人を比較すると、ハイエクのほうに言い分があるとみるべきです。

しかし、ハイエクにとっての最大の政治的課題は、「全体主義と戦う」ことでした。そのせいで、彼は個人主義や自由主義をことさらに持ち上げており、それゆえ保守思想を、表現の上で、前面に押し出しているわけではないことに注意しておかなければなりません。いずれにせよ、経済学説の成立した時代背景を押さえておかなければ、経済学も的確に理解できないばかりか、市場の分析において、いろいろな誤謬を犯します。そのことをケインズとハイエクは、それぞれ違った視点から、指摘したのです。

社会工学　工学と社会科学などの分野を組み合わせながら、社会問題を研究する学問のこと。

7　商品化の無理

いま、なにもかにもが、commoditise（商品化）されるという気運が社会に広がってきております。商品はすべて金で買えるのだから、「金で買えないものはない」ということをいいつのる人間すらが出てくる始末です。それは、「ホリエモン」なる人物だけのことではなくて、現代イデオロギーがそのような方向に進んでいるのです。

商品は複雑化されて、その先端をいくのが証券化（securitization）です。商品の所有権が次々に証券になっていくのです。こうした「すべてを商品化する」思想の極北をセキュリタイゼーション・イデオロギーとよぶことができましょう。そして、証券市場がバブル化し、ついにそのバブルは崩壊に至りました。

しかし、これは、一九世紀から論じられてきたテーマでもあります。たとえばマルクス経済学の泰斗といわれる宇野弘蔵*氏は「労働力商品化の無理」を唱えました。すでにみたように、マルクスが展開した「労働力が商品となる」という考え方には無理があります。その無理を突破すべく、経済のなかに組織の要因が持ち込まれました。組織を通じて政治・社会・文化が経済に関係づけられるということを述べてきました。

実は、商品化の原理の前には大きな障害が立ちはだかっていたのです。経済学はそのことにとうの昔に気づいておりました。つまり「市場の失敗」（market

宇野弘蔵
一八九七年生まれの経済学者。経済研究を原理論、段階論、現状分析の三段階に分ける宇野理論を提唱。多くのマルクス経済学者に影響を与えた。一九二一年に大原社会問題研究所に入所、その後、東京大学社会経済研究所所長などをつとめた。

failure）論がそれです。第一に、規模の経済（scale economy）があれば、マーケットはうまく働かない。どういうことかというと、「大規模生産のほうが効率がいい」となると、大規模な企業が次々に勝利して、独占体だけが残ることになります。独占になれば競争がなくなりますから、市場のメリットが生かされず、市場は失敗するということです。

第二の要因は「不確実性」（uncertainty）です。将来の不確実性があまりに強いときは、将来にどう expect（期待）してよいかわからなくなりますので、将来計画が成り立たなくなるのです。計画が成り立たなければ、生産も消費も指針がなくなり、市場が立ちゆかなくなるのです。

最近の経済学は、ここで大きな fake（まやかし）をやらかしました。「将来の不確実性はすべて確率的に予測できる」という嘘の話をしつらえて、第二の壁を突破しようとしたわけです。ところがそれは現実に証明されたように、将来の不確実性の risk（危険）はほんの一部であって、不確実性の大半は、予測不可能な危機（danger）でありました。それに対抗できるのはＩＴではなくＨＯ、すなわち人間組織であるというのは前に述べた通りです。

三番目の市場の失敗の要因として挙げられるのは、public goods（公共財）の存在です。これはcollective consumption（共同消費）が可能な財のことです。マーケットで取引される「財」はプライベート・グッズですが、この場合の財は、英語でいうとappropriable（我が物にできる）ということなのですね。

たとえばこのズボンは私のものである。ズボンを使用すれば自分にどれだけの利便があるかという価値が市場の価格と見合えば、買って履けばよいわけです。ところが、このズボンがもしも「公共財」であるとしたら、つまり他人の使用をexclude（排除）できないというのなら、誰が履くのかが決まらない。そういうものに自分ひとりだけが金を出すということは不合理なわけで、「金を皆で出し合ってズボンを履こう」ということになる。

ところが、金を出し合う何人かのうち、誰かが嘘をつくかもしれない。「俺はあんまり履きたくない、自分にとってズボンの効用が小さいので、金は大して出さない」と口ではいって、しかし実際にズボンをはく。これを「フリー・ライダー」（只乗り）といいます。本当はこのズボンを履きたくてしかたがないのに、過少申告をすることによって、「只乗り」ができる。こういう公共財については、マーケットにおける、まともな取引を期待することはできないというわけです。

橋や道路は、マーケットで処理できない性質のものである、それらは公共財である、ということはすぐわかります。それらは「市場の失敗」をもたらすと経済学はいうのです。

ところが、ここに大きなまやかしがある。今回の金融危機におけるように「市場の失敗」が起こると、弥縫策を施さんと政府が出てきて、あれこれつぎはぎしながら「市場は、修正すれば、大丈夫ですよ」という。市場の操作が一時的に失敗しただけという。これは大きな間違いです。規模の経済、不確実性そして公共財は、「市場の失敗」というよりも、「市場の成立」にかかわること、すなわち、「市場の根拠」にかかわることなのですね。市場成立の土台が「スケール・エコノミーの処理」、「公共財の供給」そして「不確実性の管理」なのだと見定めなければなりません。市場が成立したと勝手に想定して、そのあとで市場の機能障害とその障害の除去を論じるというのは本末転倒です。

まず、公共財がなければ、人びとが平等に使う社会インフラが成立しないということになる。それがあってはじめて取引が可能になり、市場が機能するということになるはずなのです。教育も公共財です。相手が、自分のいっていることをまあまあ理解できるという環境があってこそ取引ができるわけで、それがなければ、そもそもマーケットが成立しないでしょう。

不確実性もそうです。未来などというものは、もともと確率的に予測できるものではありません。なにかが起こったときに政府が、共同体でもいいのですが、市場外部の組織が全力を挙げて立ち向かってくれるであろうという一定の信頼があるから取引に入れるのであって、将来の不確実性を放置していたら、取引の環境が最初から成り立たないのです。

「規模の経済」もまた、けっして例外的な状態ではありません。二〇世紀の重化学工業、装置産業は、巨大な設備投資を必要としました。あるいは金融資本にしても、巨大な情報網なり連絡網がなければ、取引を成功に導くことはできません。「規模の経済」は、経済活動全般を覆う現実的な条件なのです。これらについて政府が「独占企業・寡占企業の暴走は許さない」と構えて、何らかの規制や中小企業への保護策などを敷いておかなければ、市場そのものが成り立たないということなのですね。

そのことを抜きにして市場原理主義が、というより市場競争教条主義がはびこってしまった。そのことに遅ればせながら、アメリカをはじめとして各国政府が気づき、盛大に財政出動を行って、「アメリカの社会主義化」すらが語られているというていたらくになっております。

この状況は、さながら「メビウスの帯*」のようです。紙の帯を一回ねじって作られる「メビウスの帯」は、ずっと表をなぞっていくと、いつのまにか裏に入っていく。裏をなぞっていくと表に出るというものです。市場原理主義は、個人の競争だ、優勝劣敗だ、といっているうちに市場そのものが崩壊して、気がついたら、国家が何百兆円を支出している。市場を成立させるための政治的・社会的・文化的な基盤を壊してしまったがために、個人主義という「表」をどんどん貫いていかざるをえず、そのはてで、いつのまにか社会主義になってしまったということで、まさに「メビウスの帯」なのです。

同じことはソビエト連邦で起こっていました。社会主義を徹底的に追及していったのだが、気がついたら社会主義は崩壊していて、その後にはほんの一握りのユダヤ系ロシア人が国家の全財産を簒奪するという、個人主義の極致のようなことがエリツィン*時代に起きた。次に、「猛り狂った」プーチンが、ふたたびＫＧＢ*（秘密警察）の手法で社会統制を行ったわけです。このように、表が裏になり、裏が表になるようなメビウス状態が、旧冷戦の両陣営において起こっているのです。

日本においてもそうです。十数年間にわたってアメリカ流のマーケット至上主

メビウスの帯
一八五八年に発見した、ドイツの数学者アウグスト・メビウスの名前にちなんで名付けられた。また、ドイツの数学者ヨハン・リスティングも同じ年に発見していた。

ボリス・エリツィン
一九三一年生まれ。ロシア共和国最高会議議長などを歴任し、一九九一年、ロシア連邦の初代大統領に就任した。

ＫＧＢ
ソビエト連邦国家保安委員会の略称。一九九一年に解体された。

義を吹聴したあげく、いま起こっているのは、いかにして景気対策を打つか、「派遣切り」その他の「弱肉強食」をいかに防ぎ、いかに年金制度を確保していくか、といった類の「政府の役割」を強調する方向に逆戻りしている。まことにばかげた成り行きなのです。

これらすべての「ばかげたこと」は、本来インフラ（下部構造）として社会に埋め込むこと（embed）を忘れて、社会から切り離された市場がオートマティックに動くと考えたエコノミストたちの迷妄に発しております。「市場の成立根拠を論じないまま、市場を弄ってしまった」ことが、こういう惨状をもたらしたことは明らかです。

8　情報格差

「不確実性」の問題に関連した問題ですが、取引関係者のあいだでの過剰な情報の difference（格差）は、discrimination（差別）とよばれるべきでしょう。

食品汚染問題*、耐震偽装問題など、財サービスの品質について、売る側と買う側の情報に大きな差があって、犯罪を促進するような問題にすらなっているので

食品汚染問題
米穀類加工・販売会社が、農薬メタミドホスに汚染された米を保管し、食用として転売していた事故米不正転売事件などが発覚した。

す。この「情報格差」こそが、マーケットの深部にとりついている病根なのだということに触れておかなければなりません。

仮に、この世の中が変化のない世界だとか、tranquil state（静穏状態）だとか、stationaly state（定常状態）だとか、変化の形が一定している steady state（恒常状態）だとか、漸進的な変化しかないとかいうような gradual state（微温状態）だというのなら、情報は遅かれ早かれ社会全体に平等にいきわたるでしょう。ところが、rapid change（急速変化）で進んでいる世界、つまり技術革新の美名のもとに変化が進む社会では、商品を売る側と買う側のあいだで、情報の格差が不可避的に広がります。それは市場の取引にとって重大な障害になるのだということを確認しておかなければなりません。

エコノミストたちは、マーケット・メカニズムを正当化するために、consumers' sovereignty（消費者主権）と称して、結局は、消費者が「自己責任」で選ぶべきだ、と言い立てておりました。マスコミのおばかさんたちがそれに便乗して、「マーケットの声を聞け」と追随しました。「マーケットこそが経済民主主義の場である」、「多くの人びとの商品にかんする欲求は、マーケットの需要として現れている。それを聞くのが民主主義であり社会正義である」などという言説は、政治的民主主義を経済的民主主義に枝分かれさせただけのものです。問題中の問題は、政治的民主主義においてメディアによる嘘だらけのプロパガンダにたぶらかされて世論が作られているのと同じように、マーケットにおける消費者の選択もまた、歴然たる情報差別のなかにあるという一事です。マーケットの声を聞けという「民主主義的主張」には、大いなる「デマ」ゴギー（民衆煽動）が含まれていると認めなければなりません。ついでまでにいうと、このデマゴギーの「デマ」（民衆）が「嘘話」と訳されているのです。

9 イメージの公共性

この問題にさらに深入りすると、経済学を支えている個人主義的な思想そのものを廃棄せざるをえなくなります。簡単に財サービスといいますが、goods（財）とは何なのかといえば、さまざまなcharacteristics（特性）の集まりなのですね。財には物理的な特性があります。たとえば、オーバーコートは、寒いときに身体を温めるという特性がある。ところが、人間は精神的な動物であり、ファッショナブルなデザイン、マフラーとよくマッチした色合いのオーバーコートなど、象徴的な属性が付け加えられるわけです。それは衣服に限らず、家だろうが食事だろうが、人間は、「イメージを喰って生きている動物」だといってよいでしょう。

イメージはそれぞれの個人が心中で抱くものですが、実際のところ、まったく私的なイメージというものはありません。それにのめり込むのは、狂人とまではいいませんが、「引き籠もり」の心理にほかなりません。

fasion（流行）が一番いい例ですが、イメージは人びとのあいだで共有されます。それを分解して考えると、社会性（sociality）と公共性（publicness）があるといえます。社会性とは、現在における社会の流行です。公共性とは、人びとの共有する歴史感覚のこと、たとえば「この品物は日本の伝統を踏まえている」というようなことです。伝統があって国家や地域が成り立ち、人びとの情操が定着する。つまり、単に「個人と個人のつながり方」という意味の社会ではなくて、そのつながりを可能にしている公共的な精神、それがパブリック・イメージなのです。ファッションの原意が「仲間の行為」だ、ということを私たちはもっと真剣に考えてみるべきでしょう。つまり、仲間がどのようにして形成されるかというと、まず社会の基準について、次に社会を根本において成り立たせている公共性の基準について、思いを致さなければならないということです。

そう考えると、現代社会の混乱とは、公共イメージが乏しくなり、たかだかファッショナブルな社会イメージばかりが肥大化されて、それに飽きがきた大衆が、過剰なまでに私的イメージに閉じこもろうとして、「いじめ」や「引き籠もり」などの形で「社会の解体」が始まっている、それがいまの社会現象のスケッチだということになります。

逆にいうと、商品世界が歴史や社会のなかにふたたび埋め込まれるためには、公共イメージをしっかりと作り出す努力をしなければなりません。もちろん、物作りにそれを埋め込もうとしている個人・家庭・企業もありますが、rapidly changing society（高速変化社会）のおけるイメージ世界は、世論に逆らいにくいとか、それを解釈するには時間がかかるとかいう意味において、公共性を盛り込むのが難しいのです。それに乗じるように、公共性から切り離された社会イメージが、商品世界の流行現象となっていきます。流行現象を作る者としての生産者が、生産者主権（producers' sovereignty）を発揮して、あたかも流行創造のオールマイティであるかのように振る舞っているのです。

この考え方を（『ゆたかな社会』（*The Affluent Society*, 鈴木哲太郎翻訳、岩波現代文庫、二〇〇九年）で）提唱したのがケネス・ガルブレイス*ですが、生産者主権か消費者主権か、その勝ち負けを競うのは愚かしいことだと思われます。というのは、生産者のイメージ創造というのはまったくの自由ではないからです。つまり、消費者が買いたがるであろうものを生産者は予測しているのです。結局、生産者も消費者も同じ土俵の上に乗っています。具体的にいえば、消費者の欲望形成パワーが強いか、生産者の流行創造のパワーが強いかは相対的なことにすぎません。問題は、共通の土俵であるイメージ世界の基底が、国民性にもとづく歴史感覚や伝統精神のような公共性を失っているという点です。ありとあらゆる社会イメージに、いわば「透明」な土俵ができてしまっています。それは、「変化することそれ自体が消費者にとっての刺激であり、生産者にとっての動因である」という、無内容な形式主義のことです。

少し話を脱線させると、日本人には黒髪が一番似合うはずです。ところが、「変化それ自体」のために髪を染めてしまう。でも、何年かそれが続いたら、また変化が欲しくなって、人びとは黒髪にするのです。いや、緑色になったり、黄色になったりする。「変化すれば面白いかな」と感じているだけのことで、自分に合う髪の色を自分で判断する能力を失っているのです。

＊ジョン・ケネス・ガルブレイス　一九〇八年、カナダ生まれの経済学者。ハーバード大学名誉教授。制度派経済学を活発化させた。一九七八年に刊行された『不確実性の時代』は日本でベストセラーになった。

こんな現象がはたしていつまで続くのか。人間が単なるサイボーグ（情報制御機械）であったなら、「絶えざる変化」の過程におのれを投じることができる。しかし、どれほど情報になじもうとも、人間は情報機械になりきることはできません。人間の感覚、意識、解釈の力はどうしても抹殺できず、人間の精神は死に絶えはしないのです。それが自覚されたときに、イメージ世界の無限とみていた変化運動は頓挫せざるをえない。それが今、始まっているのでしょう。ファッションへの熱狂はいま醒めつつあります。自分の足下をみて、おのれの孤独や不安に苛まれ、未来の不確定さに戦いて呆然と立ちつくし、焦燥感に悩むという病的現象が広がっております。

10　貨幣あってこその経済

市場が歴史的な土台によって支えられていなければ、どこかで消費者の欲望が蒸発したり、生産者の創造能力が衰弱したりするというのは、当初から予想がつくことです。それは、市場取引のど真ん中にmoney（貨幣）が登場していることからして明らかなのです。

まず、言葉の定義をしておきましょう。貨幣の「貨」とは、「化と貝」で、貝は宝物ですから、「貨」とは、「ほかの財貨に変えられるもの」という意味です。「幣」とは、「御幣をかつぐ」といい方がありますが、紙なり布なりでできていて、「神に捧げられるもの」という意味です。「貨幣」という言葉のなかには、「人智を超えたなにものかから配られたもの」というような、宗教的な意味合が入っているのです。

マネーは、古代ローマ時代の女神 juno（ユーノ）* の神殿で作られており、juno が結婚式で新郎新婦に忠告を与える役回りの女神であったことから、moneta（忠告する者）が転じて money の語源になったといわれています。すなわち、money は何らかの、宗教的というのが誇張なら、公共的な機関が与えるもの、つまり authority（権威）が感じられるものなのです。その権威にもとづいて、media（媒介）としてマネーが財貨の交換を司るという世界、それが市場なのです。

もちろん、barter（物々交換）の世界もあります。しかし、それはあくまで例外的な現象です。西太平洋の未開の島々ですら、海の底に実は誰も目にしたことがないが貨幣があるとされていて、誰かが所有していることになっていた。そこ

juno（ユーノ）　ローマ神話の女神。主神ジュピターの妻。

で、あくまで観念の世界で、「お前に俺の貨幣をやるから、娘をくれ」といったようなやり方で貨幣の所有権が移動しておりました。マネーは、造幣局という名の御幣創造の主体の前で、みんなが「大事と思っているものの前で拝跪する」という形での、共有観念があるのです。現代の金融市場での取引において、「ネット上のデータとしてのマネーが駆け巡っている」と驚いておりますが、マネーはもともと観念であったことを忘れてはなりません。

観念としての取引がスムーズにいくためには、権威ある何者かへの崇拝・信頼があってこそ、つまりそこに道徳的・権威的な貨幣があってこそ市場が成り立っております。そうみなさざるをえないのです。

これは、ゲオルグ・クナップ*の「貨幣国定説」における paper money（紙幣）は、今でこそ great society の主要な媒体になっております。日本ではニクソン・ショックで金兌換ができなくなってからとくに、貨幣供給の問題は政治技術として解釈されておりますが、その背後に「自分たち国民が作り出したはずの政府に信頼を寄せる」という前提がなければ、貨幣を国定化したところで、それは通貨として流通しないわけです。少なくともその流通が不安定になります。

現代においても、道徳的・権威的な貨幣観念を人びとが陰に陽に認め合うこと

ゲオルグ・クナップ
一八四二年生まれ。新歴史学派に連なるドイツの統計学者、経済史家。主著は一九〇五年に出版された『貨幣国定学説』。

によって市場が成り立っている、という原則は変わっていません。だから、「市場は（政府から自由な）民間のものだ」というのは根本的に間違った見方なのです。私的欲望が交換される場所が市場だというとらえ方はもっと間違っています。貨幣観念という私的なものを超えたファクターが市場の中心部に姿を現している、ということに気づかなければなりません。

貨幣は「危険な代物」である、ということも指摘しておきましょう。メディアは神聖・道徳・権威にかかわっているからには、魔物と化す場合があるのです。それは、「fetish」（物神）、「mammon（富神）」となって、人間の精神を食い荒らすかもしれません。「マネーという神」が善神でも悪神でもあるという二面性をしっかり理解しておかなければならないのです。

マネーが、生産者の行動目的や消費者の欲望形成や両者のあいだの取引の仕方にも影響を与えていると考えれば、マーケットとその分析をエコノミックスにまかせておくわけにはいきません。そのように認識が変わらないかぎり、現代経済における「マーケットの暴走」から逃れることはできないのです。

付言しておくと、この状態を何とかしたいと、一部の人が「ローカル・マネー」を新しい通貨として提唱しています。ローカル・コミュニティにおいて、自分たちで作り上げた信頼に足るマネーを流通させようという心意気はわかります。しかし、さきほどの great society の現実の前では、それは無効であるというべきでしょう。

たとえば北海道マネーや沖縄マネーができるとして、厄介なのは、great society においては、これらの貨幣を交換する市場がたちまちできるということです。札幌マネーなり那覇マネーなりの取引が安定的に続くためには、膨大な情報を必要とします。すると奇妙なことが起こるのです。

マーケットの最大のメリットは、ハイエクがいったように、「情報の節約」にあります。人びとが自前でいちいち調べなくても、価格というパラメターだけをみていればよい。意図せざる知恵（unintended wisdom）が作用して、マーケットには、情報をおのずと調整して社会を調和させるという機能があるというわけです。しかし、市場は不完全でしかありませんので、自力で情報を集めなければなりません。ローカル・マネーに信頼の基礎を還元してしまったら、われわれは無数のローカル・マネーとの交換のことを考えなければならず、それは無数のローカル・コミュニティにかんする無数の情報を必要とします。そんな「為替市場」では、情報の節約どころか、情報に接しているあいだに疲れ果てて、取引不能となります。つまり為替の数はごく有限でなければならないのです。

おそらく中間点があるのでしょう。今の規模が最適かどうかはともかく、何百年かけて近代社会が形成され、地域間の齟齬や衝突を経て、平均でいえば世界六五億の民が、一九〇くらいの国々に分かれて、それぞれ曲がりなりにも国家（nation-state）を構成し、それなりに通貨を発行しております。あやしげな政府も多いけれども、それを信頼することにして為替レート*が国際市場で成り立っています。今の規模、今の複雑さが本当に最適かどうかはともかく、一応は適当であるとみてよいのでしょう。これ以上に貨幣の種類を増やすことは、情報の節約というマーケットの機能にまっこうから逆らうものです。

逆に貨幣の数をまとめてしまい、「国連マネー」などというようにひとつの貨幣にしてしまうと、今度は「国連は誰が動かしているか」という問題がたちまち発生します。世界を一元化するウルトラ・スーパーパワーがないかぎり、国連は一九〇国の押し合いへし合いですから、それらパワー・ゲームがそれぞれの国家に差し戻されてくる。そう考えると、いろいろな矛盾をはらみながらも、今ぐらいの数で国家が成り立っているのは、まあ何とか統治されている世界ということなのでしょう。そこから大きく分散させることも集中させることも、冒険の度が

為替レート
外国通貨との交換比率のこと。自国通貨建てと外国通貨建てがある。円高ドル安の場合、「円はドルに対して増価した」、「ドルは円に対して減価した」という。

過ぎます。ローカル・マネーは、貨幣の種類をはてしなく分散させることにつながります。それは、国家を無数の地域に分解させて、逆に地域の存立基盤を破壊してしまうとすら考えられるのです。

第4章　経済社会の崩落——大衆の躁鬱

1　勤労の意味

勤労の「勤」はいそしむ、「労」はつとめるという意味合いですが、経済学の用語ではlaborとよばれて、それが日本語では「労働」と訳されております。しかしアメリカでは、laborという言葉は滅多につかわれず、むしろworker（勤労者）という言葉が用いられます。これは微妙な問題を孕んでいるのです。経済学はヨーロッパで発生したものですが、マルクスがいわないとしても、capitalist（資本家）対laborer（労働者）という階級対立が続いていたわけです。subsistence minimum（生存最低賃金）しか勤労者には支払われない、なぜなら失業者の予備軍が大量にいるので、賃金が最低まで下がるから、という見方になっていたのです。

laborという言葉は、「苦役」という意味に近いのですね。それは、近代経済学の用語でいえば、disutilityつまり「不効用」をもたらすものです。dissatisfactionつまり「不満足」あるいはpainつまり「苦痛」という感覚を重く担うものが労働者だったわけです。

他方、アメリカは個人主義の国ですから、社会階級の対立は排除されている、ということにしたいという建国以来のイデオロギーがあります。それは、アメリカに集まった一人びとりがアメリカという国を作るのだというイデオロギーです。それで、階級対立は建国の精神に反するというわけで、worker（勤労者）という言葉を遣うようになったのです。

第一義的にいえば、laborer といえばブルーワーカー、肉体労働者です。他方 worker はホワイトカラーを意味し、精神労働を行うとみなされます。しかし、今となっては、この分類はあまりに単純あまりに旧式というものです。肉体的なエネルギーの放出者というのが労働観ですが、今どきは、労働の形態が大きく変わってしまいました。労働者はコンピュータやロボットなどを扱っているわけですから、単純な肉体労働とはいえない。では、ホワイトカラーは精神労働だけをやっているのかといえば、事務職でもセールスマンでも、ルーティン化された daily work（日常業務）を繰り返しているのですから、それが果たして精神労働といえるか、という問題がつきまとう。

労働と勤労のはっきりした区別ができない以上、最近はアメリカ風に勤労者という言葉で、まとめ上げるというやり方が日本でも行われているようです。

勤労というのは実のところ複雑な活動でして、勤労者がどういうcharactaristic（特徴）を持っているかを知るのは、事前（ex-ante）にはほとんど不可知です。これがモノであるならば、自分の生活にどういう影響を与えるかを知ることが一応はできるでしょう。しかし、勤労者という人間だけは、「○○大学を出てきたからこういうことができる」などと容易にはわかりません。商品のなかで、その中身がもっとも判別しがたいのが勤労というサービスなのです。

そうであればこそ、「採用してから、企業にとって必要な労働者に育て上げる」というのが、かつて日本で大いにもてはやされたOJT*（on the job training）でした。実際の仕事をやっていくなかで、勤労者としての訓練を受け、勤労の質が向上していく。一九七〇年代から八〇年代にかけてOJTが隆盛を極めました。

OJTはOJK（on the job knowledge）であり、労働のような単なるエネルギーの放出ではない以上、陰に陽に知的な作業でもあるのです。勤労者が仕事を実際にしてみなければどんな知識が必要か有効かがわからないという意味において、知識の分類も性質も事後的（ex-post）にしかわかりません。勤労サービスはきわめて特殊な商品であると認めておかなければなりません。

人間の活動については、女流哲学者のハンナ・アーレント*が次のような仮説を

OJT
業務に必要な知識や技術を身につけさせる社員教育・職業指導方法の一つ。第一次世界大戦中、造船所で現場監督をしていたチャールズ・アレンの職業指導が始まりとされる。

ハンナ・アーレント
一九〇六年ドイツ生まれ。アメリカ合衆国の政治哲学者。ハイデガー、ヤスパースに師事。『人間の条件』『全体主義の起原』など。

立てています。

彼女の理論は、「人間の活動は四類型に分かれる」というもので、①action（言論活動）、②work（ホモ・ファベールつまり工作人としての目的・手段の合理的行動）、③labor（家事労働のごとき人間の新陳代謝に伴う行動）、そして④contemplation（瞑想）という四つの行動類型です。

しかし、この四類型論を素直に受け入れるわけにはいきません。一人の勤労者を取り上げてみれば、この四類型のすべてがかならずみられるでしょう。人間の活動は、どんなものであれ、この四類型を総合する形での大変に難しい作業なのです。

また、心理学者のアブラハム・マズロー*は、「欲望の五段階発展説」を唱えました。つまり、①生存欲求、次に②「安全欲望」、③「集団への帰属欲望」、そして④「他者から尊敬や愛情を受けたい」という人間関係への欲望が、最後に⑤「自己実現欲望」（self realization）がやってくると彼は考えました。

これも単純すぎます。たとえば、マズローの発展理論では、食うや食わずの未開民族が、どうして呪術や祭事に膨大な資源と労力を投入しているのかが説明できなくなります。また、高度な文明国といわれている今の先進国において、不景

アブラハム・マズロー
一九〇八年生まれ。アメリカ合衆国の心理学者。五段階のピラミッドのようになっている欲求段階説を提唱した。

気・恐慌が訪れれば、たちまち食うや食わずの人間があふれ出すことも説明できません。文明が発達すればするほど、犯罪が増え、その種類も複雑になり、現代アメリカのように安全性のきわめて低い社会ができる。マズローが「五段階で発展していく」というのはどう考えても間違いで、それらの五つの欲望は欲望体系の五つの「側面」として互いに関係し合っているにすぎないでしょう。

勤労者はなぜ働くのでしょうか。もちろん、自分や家族の生存・安全のためにということなのだけれども、企業という集団に帰属するとか、仕事をうまくなしとげることによって仲間や上司から敬意を払ってもらいたいという欲求もあるでしょうし、目まぐるしい技術革新のなかで自己実現を図っているともいえるでしょう。それほどに勤労とは複雑な要素を帯びているのであって、これを勤労サービスとして商品化したとしても、商品の内容自体がよくわかりません。勤労を売るとか買うとかについては大きな困難がともなうであろうということが、あらかじめ予想されるわけです。

ところが経済学は、「不満足の種」として労働があるという、非常に子どもっぽいとらえ方をしています。しかし、社会に流通している言葉それ自体が、経済学的な勤労観に反対しているのです。たとえば、職業のことをオキュペーション

(occupation)といいますが、心と行動が一意専心に集中されるという意味です。もしも、苦痛や不効用が労働・勤労ならば、そんなものに人間の精神や身体がoccupy(占領)されるというならば、それはよほどの愚か者の振る舞いではないか、ということになるでしょう。

そういえば宗教感覚を込めて勤労をvocation(天職・聖職)とよぶことがあります。これはコーリング(calling)から来ているんですね。日本語でいえば、「神の命令によって召される」ということです。これは、ピューリタニズム*的に勤労の価値を明らかにしようとすると、額に汗して働くということが、神の意志に沿うことなのだという意味合になるからです。経済学はそうしたことを無視して、労働を単なる不満足ととらえている。経済学は人間や社会の営みのほんの一側面にしか関心を払っていないのではないか、という懸念を持たれても致し方ありません。

経済学では人間の勤労という活動を、behavior(習慣的な行動)としてしかとらえていない。それにたいしてアクション(action)は、自分自身のwilling(意志)との積極的なかかわりを意味します。経済学のとらえている「勤労」は、ある種の機械的なbehaviorにすぎない。つまり企業システムに服属して機械の部品と

ピューリタニズム
プロテスタントの一つであり、イギリス国教会の改革を主張したピューリタンの信仰や振る舞い方のこと。一六四〇年代初頭にはピューリタン革命が起こり、国王チャールズ一世が処刑された。

して行動する、という勤労観しか持っていないのです。アーレントやマズローにいわれるまでもなく、人がなにかを願望したり、意志して労働・勤労しているであろうことを分析し解釈することにいかに組り組んでいくかが問題であり、働くことの意味はこれからも深く考えられなくてはなりません。

2　効用関数という心理の空き箱

経済学は「消費は効用（満足）であり、勤労は不効用（不満足）である」という非常に極端な比較を行ってきました。もっと奇っ怪なことに、経済学ではレジャーが効用・満足をもたらすと考えられております。

レジャーとは何でしょうか。それは「働いていない時間のこと」だというふうに経済学の教科書では組み立てられているのです。では、レジャーつまり働いていない時間に人びとは何をしているか。夫は家庭孝行をしているでしょう。男にとって、少なくとも肉体的には、もっとも苦しいのはレジャーの時間であって、女子どものおんために、自動車を運転し、泣いた子をあやし、疲れた女房の肩をもみ、本当に苦しみのさなかにあるのがレジャーです。そしてそのレジャーの時間にこそ、さまざまなモノが消費されるのです。はたして、これが「効用」であるといえるのでしょうか。「仕事をしていないときは休みだ」、「休みが効用だ」という子供じみた行動観を経済学は持っているわけです。

その子供っぽさはどこから出てきたのかというと、快楽／苦痛の二項対立に話を持ち込む個人心理学があります。もとをただせば、一九世紀初め、ジェレミー・ベンサム*の効用理論「最大多数の最大幸福を社会にいかにもたらすか」という心理学がありました。それが二〇〇年近くたった今に至るも経済学を左右しているのです。つまり、個人心理を測定（および順序化）可能として、社会は多数派の心理に添うようにしよう、というばかげた状況を支えているのは経済学なのです。

なぜそれはばかげているか。本来、人間の心理はさまざまな社会的な連関のなかでつくられます。歴史的なプロセスのなかで、といってもさしつかえないでしょう。経済学が予定している、歴史という空間からも社会という時間からも孤立したindividual（分解不能）な人間がいて、心理機構のスイッチをオン・オフするような快楽・苦痛で物事が取り仕切られるというのは、あまりにも原始的な見方です。他分野ではとうの昔に論証も実証もされて葬られている人間観が、経済学では継承されていて、効用理論などというものの土台になっているのです。

ジェレミー・ベンサム　一七四六年生まれ。イギリスの経済学者、哲学者。功利主義を提唱し、「最大多数の最大幸福」を主張した。

注意深くいうと、さすがの経済学も、自分たちの個人心理学を弁護することができず、ある種の自己韜晦に走っております。それは、「効用の実体については問わない」というやり方です。それが快楽であるか満足であるか、効用であるか不効用であるかという実体は問わないが、いずれにせよ人間は、選択関数(selection function)というものを持っている。物事の選択にかんする順序づけの秩序形式が人間心理のなかにある、とみるという形での形式論理に経済学は逃れようとしたのです。

しかし、この「選択関数」という考え方から出発してしまうと、われわれはいかなる評価も下せなくなってしまいます。たとえば、「自分は家庭を持たなければならない。だが都心に暮らすのは叶わぬ。郊外ならばなんとか通勤可能だから」という、不可避的に選ばざるをえないという選択秩序があったとしましょう。自分の選択秩序は、世間の流行にまんまと乗せられた軽率なものであるかもしれない、いやいやながら自己防衛的に自動車で通勤しているかもしれない。選択の秩序について形式だけ論じる方法では、マーケットでその選択した需要と供給が均衡したとしても、その均衡がよいものか悪いものかについて議論できません。しかし経済学はそれをごまかして、「選択の秩序があるというところから始めよう、それが市場で調整されて均衡されたときに、素晴らしいものとして肯定しよう」というのです。あたかも表玄関で価値論を一切排除したようにみせかけながら、裏玄関でひそかに逆転させて市場礼賛論を持ち込むという、一種のイデオロギー的な「詐術」を平然と行っているのです。

なぜそんなことをするのでしょうか。そうしなければ、経済学には一切の政策提案ができなくなってしまうからなのですね。エコノミストはマーケットをもう少し広げようとか、均衡に近づけようなどと、企業や政府にたいして提案を繰り返してきた。それができなくなるのです。われわれは、人間の欲望といい欲望にもとづく選択行為といい、個人の内面から発する、また自発的側面もあるのだと確認しなければなりません。しかしそう確認したとたんに、純粋経済学における純粋選択理論という心理の空き箱にはその自発性の根拠がない、というジレンマに陥るのです。

経済学は、「選択の機会」が大切であると主張し、「機会の平等」(equal opportunity) を最大限に強調します。ところが、この機会という言葉自体が大変やっかいなものなのです。マルクスがかつていったことですが、「人間は可能なことのみを為す」のです。教育を受けられずに、健康を保障されずに、財産の相続も受けずに、社会環境上の安全も保障されないとしたら、その人の opportunity が形式的に他人のと同じく平等に開かれていたとしても、実際上の選択肢には入ってきません。

たしかに誰だってプロ野球の入団テスト*や、大相撲の新弟子検査*に応募することはできる。しかし、ごく普通の人が受けに行っても相手にされないでしょう。それは機会が本当に開かれているためには、平等に何ほどか実質が伴っていなければならず、そうなるためには結果の平等が多少とも必要になるというわけです。

機会の平等と結果の平等を二分してはならない、ということを再確認しておかなければなりません。もちろん、「結果の平等」(equal result) を過剰に推し進めれば、悪平等、画一主義、均一主義、平均主義になるでしょう。しかし逆に、機会の形式的な平等であれば、それはうわべだけのことであって、選択の自由とはいえない。実質と形式のあいだにある程度の補強関係がなければ、平等とはいえません。経済学のように「機会の平等」を形式的に貫いているだけでは、人びとの選択行為について、何の評価もできないはずなのです。それなのに、「市場は諸個人の自由選択の結果を社会的に調整している」というふうに市場を礼賛するエコノミストが跡を絶ちません。そんなばかげたイデオロギーが経済学の似非倫

プロ野球の入団テスト
各球団がシーズンオフに実施している。一般的に一七歳から二四歳までの男子が対象で、テスト内容は短距離走や遠投など。阪神タイガースに所属した掛布雅之氏も入団テストを受けて、合格した。

大相撲の新弟子検査
義務教育を修了した二三歳未満の男子が対象。第一検査と第二検査があり、身長・体重検査のほか、運動能力テストなどがある。

理と張り合わされているのです。

実質を伴った平等を実現するにはどうすればいいのか。community（共同体）および society（社会体）におけるさまざまな秩序の体制を整えなければならない。その体制を守るのは、自由・権利ではなく、責任・義務の倫理です。経済学においては「法の下での平等」という秩序観しかないようです。しかし、法律の形成・解釈・運用が平等かどうか、経済学では問われません。その平等の基準は、共同体の維持と社会体の安定という歴史的方向に求めざるをえないはずなのです。

自由論の確認と敷延をしておきましょう。アイザイア・バーリンは、「自由にはネガティブ・フリーダムとポジティブ・フリーダムの二種類がある」と分類しました。negative（消極的）なのは、「……からの自由」、たとえば「抑圧からの自由」です。positive（積極的）なのは、「……への自由」、たとえば「理想へ向けての自由」です。

目の前に誰しもが認めざるをえないような抑圧があれば、それからの自由という考え方には説得力があります。しかし、何を抑圧とみるかというのは、それ自体、検討に値します。場合によっては自分の理想自体が抑圧となることがある。「革命がその子らを食む」といったのはアクトン卿*ですが、これは「自由・平

*ジョン・ネメリク・エドワード・ダルバーグ＝アクトン
一八三四年、ナポリ生まれ。イギリスの歴史家。エドマンド・バークの哲学を継承。『自由の歴史』『フランス革命講義』など。

等・博愛」という麗しい理想の下に始まったフランス革命が、結果としてギロチンの殺戮となったことをさしています。ロシア革命においてもスターリンの粛清となったのです。「選択の自由」にも大いなる疑問符をつけざるをえません。

一九世紀なかばの哲学者・経済学者のジョン・スチュアート・ミル*による『自由論』に、経済学は必死にしがみついているのです。『自由論』のエッセンスは、「他者無危害の原則」といわれており、「他人に迷惑をかけないかぎり、人間の行為は自由である」ということです。ごく当然と聞こえる理屈ですが、他人というものをどこまで含めるか考えてみたら、話はかなり複雑になります。

ほんの一例ですが、少女売春を取り上げてみましょう。

一方で、少女は自分の体を売って小遣い銭を稼ぎたく、他方で、少女の肉体を買う中年男がいて、そこに契約が（ひそかに）発生します。現時点においては、その売買春はだれにも迷惑をかけていない。それどころか、ラブホテルとやらの経営者に若干の利益をすらもたらしている。これを自由選択の結果だとしてほめたたえることができるでしょうか。

結論をいうと、「他者」とは今生きている生者のことだけなのだろうか、という問題があるのです。未来に生きる者にとってどうなのか、未来の少女たちがこ

*ジョン・スチュアート・ミル　一八〇六年生まれ。イギリスの経済学者・哲学者。古典派経済学の完成者。『自由論』など。

の社会をどういうものと受け止めるかということを考えなければなりません。現在における売買春の横行は不道徳な未来を作り出すでしょう。それは阻止されて当然の所業です。「他者無危害の原則」について、ミルには歴史的考察が、ないとはいえないが、甘い。経済学ではそれがまったくない。フリードマンによるアメリカのテレビ講演のタイトルでいうと、「free to choose」（お好きなように選んでください）というような市場弁護論は、人間心理の社会性・歴史性をないがしろにする代物です。経済学の大前提になっている効用関数や選択関数は、思想的な「空箱」になっていることにそろそろ気づかなければなりません。

3　組織経営の必要

勤労はホモ・ファベール（工作者）の行う技術的に秩序立てられた活動だとみなし、そこで雇用する者をemployer（雇用者）、そこに雇用される者たちをemployee（被雇用者）といいます。employという言葉は、管理システムのなかに「巻き込む」という意味を持っています。企業の技術体系なり管理体系に巻き込まれているのが勤労者だということでしょう。

生産において管理しなければならないものにはいろいろありますが、未来という「時間」も入ってきます。未来は、いうまでもなくuncertain（不確実）です。そのなかには、これまで指摘してきたように、予測可能なrisk（危険）のみならず、予測不可能なdanger（危機）も含まれています。これらを管理することを、大雑把に「危機管理」とよんでいます。

危機管理とは実に面白い言葉で、危機とは管理しがたい状態をいうわけですが、それを管理しようというのです。

管理は何らかのチーム（team）によって行われる。企業の危機管理が、最初から最後まで個人が遂行するというような設計はありえず、危機管理は組織的対応として行われるはずで、そのための人間組織だといってよいでしょう。

人間は、「言語的動物」です。言語とは他者に意味を「伝達」（transmission：T）するためのものであり、伝達は、命令なり意見なりが「表現」（expression：E）されたものです。どうして表現が可能になったかといえば、さまざまな経験が「蓄積」（accumulation：A）されていたからです。その内容は、価値判断の「尺度」（measurement：M）が共有化されているということです。これがHOつまり人間組織の実質であります。言語的動物としての人間たちが、言語的な伝達

（Ｔ）・表現（Ｅ）・蓄積（Ａ）・尺度（Ｅ）という文字通りにＴＥＡＭの活動を行うことで、組織という名のチームが成り立っております。

チームが葛藤なしに進んでいくわけがありません。社会学者のタルコット・パーソンズ*は、「どんな社会体系にも、ＡＧＩＬという四つの機能がある」といいました。

Ａは、状態へのadaptation（適応）です。Ｇはgoal（目的）を達成しようとすること、Ｉは葛藤のintegration（統合）するということです。Ｌは共有価値のlatency（潜在）ということです。チームというひとつの社会体系は、ＡＧＩＬという四つの機能を遂行しながら、新しい表現が出るたびに新しい伝達が行われ、新しく統合されて新しい価値づけが共有されていく過程である、ということが明らかにされたわけです。

最近の経済学では「ゲームの理論*」が流行のようですが、そんなものは相当ばかげた経済学的なイデオロギーでありまして、「ゲームのルール」がどうして形作られるのかが、明らかにされておりません。またしても、ルール形成はempty box（空箱）のなかに放り込まれているのです。社会的・歴史的プロセスを無視して、「これこれのルールがあることにしよう」と擬制してしまい、ルー

タルコット・パーソンズ
一九〇二年生まれ。アメリカの社会学者。構造機能分析を確立した。『社会的行為の構造』『政治と社会構造（上・下）』など。

ゲーム理論
相互依存関係の状況で、複数の主体における意思決定を分析する理論。数学者フォン・ノイマンと経済学者モルゲンシュテルンの研究に始まった。

ルさえあれば、各人はそれに従い、損失や利得を確率的に予測しながらさまざまな手を打ち、均衡に達することもあるとみなす、それが「ゲームの理論」です。それは「思想の空箱」に近いもの、つまり、人工的に作り出された観念世界にすぎません。

むしろ、マックス・ウェーバー*の行為動機および集団統治について述べていることに注目すべきです。

ウェーバーは「価値合理性」について語っています。これは、何人も疑うことのできない価値をみんなが強く共有しているときには、「どんな手段を使ってでも」価値を実現するという合理性のことです。それは経済学における「所与の目的にたいする可能な諸手段の効率な組み合わせ」としての「目的合理性」からみればまったく非合理的に思われましょう。しかし危機管理では、手段が限られていることもあって、往々にして起こりうることで、それなりに合理的なのです。いいえ、手段の数は、計画の視野を長くとれば増えると考えられますので、価値合理性は「短期における重要問題」への解決法だ、といったほうがよいかもしれません。

彼は、「カリスマ的支配」についても言及しています。カリスマとは「非日常

＊マックス・ウェーバー　一八六四年のドイツの社会学者、経済学者。日本では、丸山真男氏、大塚久雄氏らに影響を与えた。『プロテスタンティズムの倫理と資本主義の精神』など。

的な権威」ということです。日常的な社会が崩壊の危機にさらされた場合に、突如として日常から外れた、何かしら魅力のある、厳かなようにみえる「カリスマ」が登場して、それが危機を防いでくれる。これは、政治の世界ではよくあることで、世界史ではジュリアス・シーザー*に始まり、アドルフ・ヒットラー*や毛沢東*といったふうに社会が危機に直面したときには、カリスマ的な指導者が神から「召喚」されたようにして、社会の矛盾や葛藤をいとわず処理するということがあります。

また「伝統（合理）性」もあります。これは「所与の手段を用いることが決定づけられている」ことで、目的については検討を加えないやり方です。危機管理についてはこの伝統性の方式ではやっていけません。目的合理性も、技術体系それ自体が危殆に瀕しているのですから、大よそ無効でしょう。結局、価値合理的およびカリスマ的という「力業」を組み合わせなければ、組織は維持管理することができないということになります。経済学においては考察がまったく欠けているこうした難問を抱えている、それが人間組織だといえるでしょう。経済学は目的合理性だけをみずからの伝統としているという意味で、人間の行為論としては、デマゴギーのようなものです。そして、個人の目的合理性にもとづく利得が互い

ジュリアス・シーザー
ガイウス・ユリウス・カエサル。前一〇〇ごろ～前四四、ローマ共和制末期の将軍・政治家。

アドルフ・ヒットラー
一八八九年生まれ。ドイツの政治家。一九一九年ドイツ労働者党に入党、翌年党名を国家社会主義ドイツ労働者党（ナチス）と改称し、党首に就任。一九三九年ポーランド侵攻により第二次世界大戦が勃発。一九四五年自殺。

毛沢東
一八九三年生まれ。中国の政治家・思想家。一九二一年中国共産党創立に参加。一九四九年中華人民共和国を建国、のちに国家主席に就任。文化大革命を起こした。

に異なるときには、民主主義の多数決で事を決める、それが経済学が近代的であることの根拠だともみなされています。

デマゴギー（demagogi）はデモクラシー（democracy）とほとんど同時にできたギリシャ由来の言葉で、デマはデモクラシーと同じ「民衆」という意味で、アゴーグは煽動という意味です。デモクラシーも「民衆による支配」という意味です。民主主義には、「民衆への煽動」がつきものであり、煽動には「デマ」がつきまとう、それが古代ギリシャ以来の常識です。あれから二千何百年も経っているにもかかわらず、経済学は「デモクラシーとデマゴギー」の貯蔵庫になっていることを恥としないのです。

4　勤労者はなぜ俸給を手にしうるのか

経済学の勤労論が狂っていれば、その裏側にあるsalary（俸給）についての説明も、まったく失敗したままです。経済学では、wages（賃金）は労働の苦しみにたいする対価（payment）であるとされており、それは「労働は苦役である」という見方から出てきています。それにたいし、勤労への支払がサラリーだと種類分けされています。それにもかかわらず、労働・勤労の両者ともが苦痛であり、支払がなければ労働はしないはずだ、という効用心理学は不変のままとなっております。どうして企業は勤労者にたいして賃金を払わなくてはならないのかという問題は、平凡ですが、本当は複雑です。経済学はその複雑について見てみぬ振りをしております。

もちろん経済学でも、少々は労働の問題性に気づいてはいて、ふたり代表的な人物がいます。

一人はもちろんマルクスで、彼はこう考えました。繰り返しになりますが、「本来、人間性の発露であるはずの労働の剰余価値が、資本家によって搾取されている」。マルクスは、労働はプラス価値のもののはずだが、それが資本主義体制によってゆがめられ、alienation ドイツ語では entfremdung（疎外）という名の苦痛へと逆転させられているというのです。今はその理屈についての是非は問いませんが、さらにそれを発展させたのが日本の宇野弘蔵氏で、それはすでに言及した「労働力商品化の無理」という概念です。これは労働力（labor force）たる人間は、資本主義体制のもとでは再生産できないというものです。これは当たり前の話で、労働力の再生産は家庭で行われます。労働者個人が翌日に働くエネルギーを溜めるには、家庭で食事なり休息なりをとらなければならない。次世代の労働力を再生産するには、男女が組み合わさって子どもを再生産しなければならない。資本主義が直接子どもを作るわけにはいきませんからね。

その「労働力商品化の無理」という論点が宇野の panic（恐慌）論につながっていきます。つまり、景気がよくなったとすると、資本家はどんどん投資を進めていく。投資が大きくなれば雇用も増やさなければならないのだが、労働者の供給は限られているので、賃金がどんどん賃金が上がっていく。ところがそれは、資本主義の仕組み外のことなので、資本家はそのことに無配慮なままどんどん投資を進めていく。気がつくと労賃が異常に高騰して、利潤が上がると見込んでいたのに、企業経営が損失へと転落してしまっている。そのとたんに資本家はいっせいに投資を中止する。そのために、過剰投資、過剰生産の状態が顕在化して恐慌が始まる、ということを述べたのが「宇野恐慌論」なのです。

現在からみれば、この理論は大変に素朴で論じるに足りませんが、「労働力のように、資本主義を体制内で処理できない商品がある」という無理、それは大事な論点です。考えてみれば、労働力のみならず、資本主義社会のなかで今問題になっている環境も自然資源も体制内化の不可能もしくは困難なものです。もちろん、ここでも体制の正当性を弁護する者がたくさんいて、技術革新が進めば、どんな無理でも処理可能という説もあります。そういえば、ナチス・ドイツも空気中の窒素からパンを作ろうとしていましたが、そういう技術への信仰を受け入れるとしても、労働力だけは自由調達が難しいでしょう。ロボット・サイボーグで人間の代わりにするとしても、それでは人間がいなくなってしまい、いったい誰のための文明かという話になってしまいます。

もう一人、近代経済学でも、一九世紀末に、アルフレッド・マーシャル*という近代経済学の基礎を作った人が、「労働商品の特殊性」をいっています。マーシャルの説も素朴なことで、まず、「普通の商品の売り手は、売った商品がどのように使われているかについて、まったく無関心でいることができる」と考えます。マーシャルは赤煉瓦の例を出しています。当時のロンドンは煉瓦造りでしたから、煉瓦産業が儲かったのでしょう。煉瓦の売り手は、売れればいいわけで、煉瓦が建物に使われようが漬け物石に使われようが、どうでもいいわけです。ところが、「労働の売り手はそういかない。自分の売ったものがどう使われるかについて、関心を持たざるをえない」。つまり、勤労条件について、無関心ではいられないのが勤労者です。人間は単なる労働「力」の売り手ではなく、勤労する「者」と

アルフレッド・マーシャル　一八四二年生まれ。イギリスの経済学者。一八八五年ケンブリッジ大学教授就任講演での「経済学者は冷静な頭脳と温かい心を持たねばならない」が有名。ケインズの師。

して人間の顔をしている。そして、ゆくゆくは労働組合による労使交渉のような、経済学では処理できない政治的・社会的問題も発生してくる。それが、マーシャルの示唆でした。

労働・勤労が苦痛であるか快楽であるかは、しょせん労働者個人の問題であって、資本家・企業のあずかり知らぬところです。つまり、快楽か苦痛かはともかく、自分は一日八時間の時間や労働サービスを提供したじゃないか、と勤労者は考えます。それにたいして、一銭も支払がないどころか、「勤労はお前の楽しみになったようだから金を払って帰れ」となったら、ギヴ・アンド・テイクの交換関係がそこで途絶えてしまいます。

そこで、人間の見方の転換が迫られるのです。人間の本性とはなにか。ユルゲン・ハーバーマス*の言葉ですが、「人間はコミュニカティブ・アニマルつまり意思疎通する動物である」。意思疎通とはなにかといえば、「話しかけ、返答する」ことであり、文化人類学者マルセル・モース*の言葉を引けば、人類社会は、「何かを贈与し何かの返礼を受ける」というギヴ・アンド・テイクの関係、それを文化の基盤としてきたのです。

個人心理における苦痛と快楽のバランスで説明できないとしたら、ギヴ・アン

ユルゲン・ハーバーマス
一九二九年、ドイツの社会学者・哲学者。フランクフルト学派第二世代を代表する学者。フランクフルト社会研究所の所長を務めた。『公共性の構造転換』など。

マルセル・モース
一八七二年生まれ。フランスの人類学者、社会学者。宗教社会学や民族学の分野で業績を残す。エミール・デュルケームの甥。『贈与論』など。

ド・テイクの交換比率は何によって決まるのかについて、説明をしなければなりません。実は、すぐれた経済学者の幾人か、たとえば、ジョン・ヒックス*が「賃金は慣習によって決まる」といっております。ジョン・メイナード・ケインズが「労働者はある一定以下の賃金では働こうとしない」、すなわち賃金の下方硬直性を指摘したのも、慣習に注目したからです。

そのほか、綿密な説明はありませんが、賃金・俸給の問題は、どうも経済学の通説では説明できず、どこかで社会の慣習・個人の習慣という、社会学的なファクターが介在する、とうすうすは感じられてきたようなのです。しかし、「慣習」の一言で片付けることしかできないのは、経済学の弱点中の弱点であるといってよいでしょう。

さらに問題は続きます。

一日八時間労働で月給三〇万円、つまり二〇日働いて時間あたり二〇〇〇円の給料を受けるのが妥当な交換比率である、という慣習があるとしましょう。それが、どうして安定した慣習であるのか。その人は、それだけの収入があれば、どうやら自分の家庭生活が維持できると考えるからこそ、勤労契約を結ぶのですね。では、どうしてこれで「生活をやっていける」と思うのでしょうか。

ジョン・ヒックス
一九〇四年生まれ。イギリスの経済学者。ケインズの『雇用、利子および貨幣の一般理論』をもとにIS-LM分析を提唱。一九七二年ノーベル経済学賞。『価値と資本』など。

それは、その三〇万で生活できる、子どもの教育費、貯蓄などを払って普通の人生を享受できるという見込みがあるからです。つまり、消費財などの価格は急に大きくは変動しないだろうという見込みがあるから、生活の見通しが立つのです。それで勤労条件と tie-in（抱き合わせ）のものとしての俸給契約が成り立つということになります。

このことは、市場にとって、致命的といっていいほどの大問題です。価格が急激に大幅に変動するようなものはもはや市場ではありません。そんな市場では、経済活動の根源である労働という生産要素を商品化できなくなってしまうのです。「価格破壊」という言葉がひところもてはやされていました。それが、あるときから急激に逆転して、資源が投機活動でまたたく間に高騰するというように、市場活動による乱高下が始まってしまった。それは市場の崩壊現象であるとしか考えられません。

市場価格というものは、当然変わっていきはします。しかし、市場が社会の重要な制度でありつづけるためには、価格は時間をかけてゆっくりとしか変わらないというのが大前提だとしなければなりません。賃金をめぐる慣習も、ゆっくりとしか変わらない、そういう漸進的（gradual）な社会であってはじめて、市場が社会制度として安定するのです。変化があまりにも急激ならば、社会の重要な装置である市場機構自体が崩壊しかねないということが、ここに示唆されているのです。

ヒックスたちも「公正賃金」という考え方がある、とさり気なくいっています。それは賃金だけの話ではありません。諸価格の安定を考えれば、「公正価格」、「適正価格」という観念が市場の中心に据えられなければならないのです。「just price」（適正価格）という概念は昔からあったのです。ところが市場が中世社会に広がっていくうちに、「安いものを買って、高く売ろう」という起業家精神もまた発達してきました。それにつれて市場が拡大し、価格の変動が大きくなるに伴って、公正・適正の価格のことが忘れられていったのです。

起業家のことを「アントレプレナー」ということは前にも述べましたが、「利ざやを取る人」という意味です。あまりに取りすぎたら不当価格で、暴利をむさぼるというわけですが、それをマルクスは労働について「剰余価値の搾取」とみたわけです。印象としてはたしかに搾取とみえるため、逆に搾取のことを忘れるべく、適正価格にたいする配慮が経済学からは放逐されたという印象があります。

日本社会を少し弁護すると、昭和の御代まではなかなか日本人も常識にもとづいて行動していました。一九七〇年代までの通産省はよく「適正競争」を指導しておりました。それは「適正価格が何とか成り立つような競争状態に規制・誘導しなければマーケットはもたない」という歴史的常識にもとづく判断を、日本政府もまた当然のこととしてきたということです。ところが、アメリカナイゼーションがうなぎ登りに上昇しはじめたのが平成で、競争それ自体が賞賛されて、競争のあるべき姿、そこに成立すべき適正競争、そこに成立すべき公正賃金、そして諸商品の適正価格という概念が放逐されてしまう、そういう惨状になってしまったのです。

5　「消費」か「成就」か

経済学では、個人がなす最大の行為は消費者であるとされています。ところが、消費（consumption）という言葉は、非常に問題を含んでいるのでありまして、辞書を引くと読んで字のごとく「消えさせ費やす」、つまり疲労困憊の意味で、そこから「肺結核*」という意味も出てきております。肺結核の人は憔悴した状態になりますが、もっと意味をはっきりさせるために、消費者のことを「消耗者」

肺結核
結核には肺結核と肺以外で感染する肺外結核がある。結核の罹患率は一九六〇年以降減少していたが、一九九七年に増加に転じた。これをうけて厚生省（現厚生労働省）は一九九九年、結核緊急事態を宣言した。近年は集団感染や八〇歳以上の患者数が増えている。

とよんでいいかもしれません。

経済学では一切論じられませんし、語源も違うのだけれど、似たような言葉でコンサメーション（consummation）という言葉があります。con は一緒に、summation はまとめ上げるという意味で、全体として「満足をもたらす」という意味です。「健康を維持するために食べなければならない」、「翌日のエネルギーを補給するために食べなければならない」、「労働の疲れを癒すために酒を飲まなければならない」というのは、なにか目的があって、そのために消費しているという意味です。これにたいしてアメリカの哲学者、ジョン・デューイ*が強調した consummation は重要な論点だと思われます。

消費の正体とは何でしょうか。消費の具体的な姿は、家庭でいえば夫と妻、子どもたち、祖父や祖母が、「家庭生活を楽しんでいる」。家庭をめぐって、人びととは社交し会話している。そこでは、食事それ自体が、酒それ自体が、そして喫煙それ自体が「充実感という意味において」consummation だというのです。つまり、精神と物質は表裏一体であり、モノを使用することそれ自体が、コンサマトリー（consummatory）である。社会学者パーソンズも、人間の行為を instrumental（手段的）とコンサマトリーの二つに分けています。

ジョン・デューイ　一八五九年生まれ。アメリカ合衆国の哲学者。プラグマティズムの大成者。『学校と社会』『民主主義と教育』など。

もしも「文明の成熟」というのならば、「なにかの目的のための手段としてのみ、経済活動がある」というのは情けないことです。そんなインストゥルメンタルな営みのために生涯のほとんどの時間を遣っているのは哀れな人間ということになります。人々が働くことも、財・サービスを利用することも、何らかの楽しみ、満足を与えるという意味において、コンサマトリーでなければならないし、文明が成熟するにつれ、コンサマトリーな時間が多くならなければならないでしょう。

商品の「商」という字は、「子どもを生む幸せ」という意味です。そのこととかかわってきますが、英語で commodity（商品）は、「共通のもの」（common）であり、むしろ「日用品」とでも訳すべき言葉なのです。人びとが共通に行っている行為が、コンサマトリーでなければ、人間はいったい何のために生きているのか、ということになるに違いありません。また、投機証券を日用品とみなす「証券化の時代」には狂相が滲んでいるといってよいでしょう。

一日は二十四時間で、人生は八十年しかないのです。そのうちの大半を、眠ることを除けば働いており、女性でいえば家事労働をやっている。それは、「なにかのために働いている」のです。ただ金銭や生命それ自体のために働いているというのであれば、人生それ自体はまさしく空虚となります。日常的に繰り返す家庭生活、職場生活は、それ自体が充実感をもたらすものでなければならないし、そうあってほしい。それが経済（経世済民）の本来のあり方でしょう。経済学が想定する「何かのためにエネルギーを消え費やす」人間、そんなものについての研究に経済学は時間を費やしてきたのです。

かつて、ホモ・エコノミクスは、経済学において「人間は物欲を最大にする動物である」とされていました。物欲の最たるものは金銭欲であって、金銭が増えれば増えるほど人間は安心できるという側面があるにはあります。また、人間はホモ・ポリティクスであり、権力を最大にする動物でもあるとも、政治学ではみなされておりました。なるほどそういう側面が人間にはあります。あるいは、ホモ・ソシオロジクスという概念が、社会学で、遣われています。人間はあてがわれた役割を演じるという動物だというわけで、たしかにそういう側面が人間にはあります。さらに、ホモ・シンボリクスという見方も文化学にはある。人間は、この世の象徴（symbol）を演じる動物という側面が人間にはあるのです。天皇制からミニスカートまで、この世に生まれてくる象徴に自分を合わせていくのは人間の性《さが》でありましょう。このような人間の四側面を総合させているのが人間のす。

「生」(life) なのですが、問題はその生がコンサマトリーかどうかということです。

コンサメーションというのは人間の希望なのかもしれません。これら人間の四側面に何ほどかの満足をもたらそうと思ったら、消費であることを超えて充実をめざそうと構えるのが人間です。「人はパンのみに生きるに非ず*」というのは、キリスト教圏の外にあっても通用する文明論なのです。

近年、とくにアメリカでは、どんな勤労者も、収入のすべてを消費するのは最貧層だけで、いくばくかの貯蓄をするのが普通という点が強調されております。貯蓄は、定期預金や株などの証券購入となるので、そこから「大衆資本主義」という考え方が出てくる。それが、勤労者という観念そのものを揺さぶっております。

勤労者が株を買えば、その分、彼は「資本家」になるというわけです。しかし、それはいかにもアメリカ的な形式論理であって、労働者も消費者も、たとえば収入の七割を消費して三割を貯蓄に回すとすれば、「七割消費者で三割資本家」などというのはばかげた人間観ではないでしょうか。

これは「個人主義の誤謬」です。わずかな貯蓄しかもたない者の集まりは、社

人はパンのみに生きるに非ず　悪魔に対して、イエス・キリストが述べた言葉。新約聖書の「マタイによる福音書」におさめられている。

会階級（social class）としては労働者であるということです。巨額な収入を得て巨額の証券を持っている者たちの集まりは、少数者であるけれども、それはあくまで特権階級としての、資本家であるといわざるをえません。というのも、資本「家」というのは、政治的、社会的そして文化的にも社会の power（権力）を動かすのに与っているということを含意しているからです。

経済学には「家計」という考え方がありますが、family（家族）を金銭でしかとらえておりません。政治的権力関係、社会的役割、文化的価値観が家計に影響を与えている、ということについての考察が捨てられ、「何かのための消費」つまり消費の場としての household（家計）だけが経済学に定着させられてしまっている。その考え方を延長させて、「主婦の家事労働を金銭報酬をともなう労働と換算してその分を対価として要求する」というフェミニズムまでもが出てくる始末となる。

何年か前、当時の柳澤伯夫[*]厚労大臣が「女性は子どもを産む機械」と発言して物議をかもしました。ジョークとして、私は、「柳澤大臣のいうとおりだ」と書きました。しかし、柳澤大臣にも落ち度があった。同時に、「男は女に金を運搬する機械である」といっておけばよかったのです。これも冗談ですが、夫婦のホ

柳澤伯夫
一九三五年生まれ。一九八〇年、衆議院議員に初当選。国土庁長官、金融担当大臣などを歴任した。

モ・ポリティクスの面をもっと強調して、「男は、女を支配する義務があるんだ」、「女は男に服従する権利があるのだ」といってもよい。つまり、支配が権利だといってのけるのは気持ち悪い男だけれども、逆に「支配の義務」、「服従の権利」とすれば男女が相互に気分をギヴ・アンド・テイクできる。まさにホモ・シンボリクスの話ですが、そのように複雑な生の四側面を統合して人生をまっとうする、納得がいくような人生を送って死んでいく、という見方が必要です。それがなければ人間の生活はすべて、ロボットやサイボーグのもののようなむなしい機械の営みとなってしまうのではないでしょうか。

6　欲望差異化という嘘

消費社会について軽く振り返ってみます。一九八〇年代、広告業者の一部が、「少衆化の時代」などといいはじめて、またそれに合わせるかのように、八〇年代にポスト・モダニズム*の知識人たちが、欲望の「差異化」(differentiation)をもてはやしました。これも、いろいろな弊害をもたらした悪思想であるといえます。

ポスト・モダニズム　近代を超克しようとする考え方のこと。

あの当時、消費の表層を観察すれば、欲望は果てしなく差異化していくようにみえました。たとえば若者たちの集まる広場でいえば、七〇年安保の時代に、「御茶の水」に「カルチェ・ラタン」*とよばれていた一角があって、学生たちが石を投げていた。パリの学生運動と連帯する気持ちがそうよばせたのでしょう。ところが八〇年代になると、そこに、商業主義に乗った愛称が街にあてがわれるようになりました。ほかにたとえばスペイン坂*などといったような一角もできたようです。スペイン坂とカルチェ・ラタン、一見すれば差異化しているようですが、それは表層のことにすぎません。涅層で始まっている同一化に気づいていない。外国風が洒落ているという同一化の風潮のことを見逃しています。「同一化の仕組のなかでの微差」を競うのがポスト・モダン*でした。同一化をあえて無視するというかたちで、「ポスト・モダン」の思想が始まったのです。

ポスト・モダンは、近代（modern）を超えたという意味のことです。モダンを日本人は「近代」と訳しますが、それはmode（様式）に飛びつく時代ということだった。またmodel（模型）を求める時代、それがモダンだともいえます。結局のところ、ポスト・モダニズムの現実の姿は、「ウルトラ・モダニズム」でしかなかった。モダニズムの新段階が「微差を競う少衆」の時代であり、それを

カルチェ・ラタン
パリのセーヌ川左岸の区域。ソルボンヌ大学など大学が多い学生街。日本でも東京都千代田区神田駿河台のあたりを「日本のカルチェ・ラタン」と称することがある。

スペイン坂
東京都渋谷区宇田川町にある道路の愛称。

ポスト・モダン
元々は建築分野の用語であった。フランスの哲学者であるジャン＝フランソワ・リオタールは『ポストモダンの条件』（一九七九年刊行）で「大きな物語の終焉」と定義。哲学・思想・文学などの分野で用いられた。

煽動したのが自称のポスト・モダンだったのです。

欲望・商品の差異化を考えるときに注目すべきはこういうことです。よほど愚かしい人間でなければ、「カルチェ・ラタンが好きでスペイン坂が嫌いだ」という論拠は成り立たない。成熟した人間ならば、「両方とも少しは外国流で面白いんだろうな」ぐらいの度量で事態を眺めます。同じように、外国旅行でいえば、アイルランドにもチュニジアにもまた別の面白さがあるだろうというふうに考えるのでなければ、「旅行通」とはいえないでしょう。どれほど欲望が多様化しようが差異化しようが、というより多様化・差異化が進めばすすむほど、TPOに応じつつ、「自分が何をとるか」という基準が必要になるわけです。それにたいして、流通力のありそうなファッション、モード、モデルに飛びつく、それがポスト・モダニズムという高尚めかした理屈が実際にもたらしたことです。ポスト・モダンは、バブルに舞い上がっていた日本の商業主義にとっての補強材料になってしまった。これがつい二十数年前に猛威をふるい続けた「思想」であったのですが、あっという間に消滅してしまいました。

多様化・差異化するさまざまな価値観を関係づける基準はどこからやってくるか。答えは「神仏を持ち出すのでなければ、歴史の知恵に求めざるをえない」ということでしょう。それが「保守思想のエッセンス」でもあるのです。

モダニズムやポスト・モダンに魅力があるということはわからないではありません。前近代を回顧しつつ後近代を展望するというのが、モダン「ニズム」ならぬ現実のモダン「エイジ」のあるべき姿でしょう。近代というと、右も左もモダニズムによって席巻されたように聞こえますが、モダニズムを作り出した西ヨーロッパでは、そうではありませんでした。一九世紀に民主革命や産業革命*が一応形を整えると、踵を接したようにして、モダニズムへの懐疑も始まった。モダニズムを中心におきながらも、右側にpremodanism（前近代）をおき、左側にpostmodanism（後近代）をおいたのです。「プレ・モダニズムの記憶力」と「ポスト・モダニズムの想像力」、この両者をモダニズムという様式主義が抱え込む形で、つまり三者のあいだの矛盾、相克そして葛藤を平衡させるというところに、文明の成熟があるとヨーロッパの人たちは感じはじめた。その点において、西ヨーロッパは文明の先達であるといわざるをえません。アメリカのように、建国の経緯からしてプレ・モダニズムを欠いている国、そして、たった一回の戦争で負けたからといって、そのアメリカニズムをモデルとしてしまった戦後日本は、近代主義にあまりにも毒されてしまった。そういうところでは、財・サービスの利

産業革命
一八世紀から一九世紀にかけてイギリスで起こった生産技術の向上による社会経済の変革。その後、ヨーロッパなどにも広がった。イギリスでは、飛び杼やコークス製鉄法などが発明された。一方、工業化により住環境などが悪化。大量生産に反対した職人によるラッダイト運動も起こった。

用に（「消費」ではなく）「成就」を感じとるような文化の成熟は望めないでしょう。

7　情報の限界

産業革命による物質文明の勃興を背景にして、物欲の最大化を目指すホモ・エコノミクスの人間観が広まったのにたいして、「経済学は物質主義に淫して、精神的欲望を軽んじる下等な学問ではないか」という批判がいろいろと起こりました。

これには経済学の責任はもちろんありますが、批判する側にも問題がありました。そこで、商品とはなにか、財とはなにか、サービスとはなにかについての考察が足りなかったということです。

一つに、商品の技術的特性について、自動車を例にとって考えてみましょう。自動車の技術的特性は長距離を短時間で走ること、というのが技術的特性です。次に、商品の「イメージ特性」を強調したのはケネス・ボールディング*で、彼は経済学者として経済学を批判する位置にいて『image』という書物を著しました。

ケネス・ボールディング
一九一〇年、イギリス生まれ。アメリカの経済学者。学際的な研究で業績を残す。『来たるべき宇宙船地球号の経済学』というエッセイを発表したほか、平和研究にも力を入れた。

自動車は、ファッションや流行とも密接につながっている、というのがイメージ特性です。さらには、短時間で移動することそれ自体が、「スピード」というイメージになる場合もあります。今、僕の目の前に、コーヒーカップに入ったコーヒーがありますが、これも物理的特性があると同時に、イメージ的特性を持っている。「エスプレッソの小さなカップ」で飲むというのは、「老人にふさわしいイメージ」かもしれません。人間はイメージなしには生きられないということに気づけば、現代を「情報社会」、「知識社会」と表現するやり方はかなりにいかがわしいものであるとわかります。

原始の昔からずっと、人間社会は情報社会でありました。狩猟民族であれば、「この季節、どこに行けば、鹿がいるか」という情報を他部族と交換したりすることで、その部族の生活が成り立っていたはずです。情報なき物質文化などは、古代にせよ現代にせよ、ありえません。人間はいつも情報で動いているというのは、人間が言語的動物だ、ということを押さえておけばほとんど自明の事柄です。論ずべきは「情報とはなにか」ということについてです。

「情報」という言葉は、もともと明治初期にフランス式の陸軍*を導入したときの軍隊用語で「敵の情状（新鮮な状況）についての報告」から来たといわれてい

フランス式の陸軍
江戸幕府は幕末に、フランスから軍事顧問を招くなど、同国式の軍制を採用したが、明治新政府においても当初、陸軍士官学校（旧陸軍の将校を養成するための教育機関）で同国式の教育制度が採用された。しかし、普仏戦争でのプロシアの勝利により、プロシア（ドイツ）式に転換したといわれる。

ます。つまり、「敵軍が何人いて、その武器は何個か」などという斥候が入手する敵状についての知らせ、それが情報でした。

このような言葉の成り立ちからわかるように、個別特殊的な非常に限られた場面で使われる言葉、それが情報です。英語においてもそうで、information とは「form のなかに in」された、つまり「技術的な枠組みのなかに収められた」知識という意味なのです。

そこからモードもモデルも派生しているといえるのですが、そもそも人間の精神活動は、その価値の「尺度と表現」の機能において顕著に示されるように技術的な枠に収め切れないものです。人間の言語活動はそれを「伝達と蓄積」の機能に回すことによって、技術的なるものとしての情報を作り出すのです。

情報は精神活動のほんの一部なのでありまして、それは、物質的活動と限定しないまでも、技術的活動の枠内にとどめられているものです。経済学は、この情報というものの限界を知らずして、「情報を扱う能力を誇示する」という幼稚な所業を続けてきました。

現代社会は、高度の技術化にもかかわらず、不確実性を高めております。人間は、不確実な未来にたいして、期待（expectation）を構成します。日本語で「期待」というと、「期待できる人物」といったふうに、えてしてプラスイメージをもつ言葉として語られますが、expectation はまったく価値中立的な言葉です。ex が「外へ」、spec は「見る」ということですから、「未来という外をみる」のが「期待」なのですね。

英語圏では、期待と anticipation（予想）が別様に用いられているようです。「期待」は、ある程度確実な根拠にもとづく未来予測であり、経済学の文脈でいうと、「確率分布として想定できる程度には確実な見通し」、それが期待だというわけです。それにたいして「不確実な根拠にもとづく未来予測」を「予想」とよんでおります。変化していく社会においては、経済学のいうような確率予測ができるものとして、根拠のある期待などは、ほとんど意味をなしません。確率分布などはとうてい想定できないような不確かな根拠にもとづいて、未来を予想するというのが changing society における時間意識の在り様です。

そうと知れば、いわゆる「平成改革」のなかで強調されていた「ヴェンチャー・スピリット」という言葉がどれほど浅はかなものかよくわかります。

ヴェンチャー・スピリットとは冒険精神のことで、進取の気風をもって危険に立ち向かうことをさします。しかし、ヴェンチャー（venture）のもっとも平凡な意味は「向こう見ず」です。何の確実な根拠も持たずに向こう見ずに突進すれば、一万人にひとりぐらいは成功するでしょうが、大半は甚大な傷を受けて敗北するでしょう。これが「向こう見ずの精神」の帰結です。従って、為政者が「ヴェンチャー・スピリットが大切だ」などと叫ぶのは異常事態です。「未来は、予想はできても期待はできない怪しげなものですので、国民の皆さんは向こう見ずに走らないように」といっておくぐらいが妥当でしょう。「こんな時代にヴェンチャー・スピリットを発揮するとおおよそ失敗します」と知らせるのが、パブリックな立場にいるもののつとめと思われるのですが、ついこのあいだまで、全く逆の展開だったのです。ヴェンチャー・スピリットに駆られて偽造された期待に煽られて株価が上昇し、そのあげくの果てに暴走し、そして破綻したのです。情報の根拠をすらつき崩していくのが情報社会だというのですから、呆れた成り行きでした。

必要なのは、情報に振り回されず、情報の意味をじっくりと吟味することでしょう。まず、既存のインフォメーションがどのような form に in されているかを考えて、さらにAとBを結合させるとCという別の情報ができるのではないか、というふうに解釈（interpretation）を与えていくことが重要なのです。そのようにprecious（価値のあるよう）な考えにinter（入って）いくのがインタープリテーションでもあります。

保守哲学者のマイケル・オークショット*が、「知識には二種類ある」といっています。一つは「テクニカル・ナレッジ」つまり技術知で、もう一つは「プラクティカル・ナレッジ」すなわち実践知です。

テクニカル・ナレッジは、人間の知識の一部にしかすぎません。しかし往々にして、それで人間世界のすべてを証明できると錯覚されてしまう。そして社会が大暴走を起こし、それが大敗走（stampede）となる。それにたいしてプラクティカル・ナレッジとは、経験のなかから導き出され、人間の具体的な活動のなかでその意味を納得されるような、複雑多様な知識のことをいいます。HO（human organization）のなかで大切なのは、後者のプラクティカル・ナレッジのほうでしょう。

かつてのアメリカ人もそう考えていたはずです。一九三〇年代、アメリカに各種の巨大組織が登場したときに、「組織にはインフォーマル・コミュニケーションが必要だ」と、合言葉のようにいわれました。「形式化されていない意思疎通」とは、「仲間づきあい」であり、さらに踏み込めば「談合」といってもいいかも

マイケル・オークショット
一九〇一年生まれ。イギリスの政治哲学者。合理主義にたいする批判を展開した。論文「保守的であるということ」が有名。『政治における合理主義』など。

しれない。人びとが互いに談じ合う経験という名のpractice（実践）のなかで確かめられていく非公式の意思疎通、それがなければ組織は維持も発展もできません。

そのことが忘れ去られると、法律を守ればいいということになる。いま、アメリカではすべてのことを法律をめぐるフォーマル・コミュニケーションの形式に収めようとしています。それで法律文書が膨大になり、契約書が莫大になってしまいます。そのような「法律社会化」が、suit society（訴訟社会*）をもたらすほどに拡大されますと、法律の網囲をくぐれば何をしてもいいという考え方につながり、たとえばサブプライム・ローンが膨れあがることになった次第です。膨大なインフォメーションのなかで、誰もその内容を知らないで取引が行われているという倒錯した状態、それは詐欺のバブリングにほかなりません。

訴訟社会　何か問題が起こったときに裁判で解決しようとする社会のこと。極端な訴訟なども多くみられる。

8　当て処なく休みなき変化

近代社会とは変化（change）をエネルギー源にして、ダイナミックに発展してきた社会なのですが、実は、その変化についての大きな誤解が現代にはあります。

その誤解の最も端的なものは革命（revolution）についてです。「革命」という漢語でいうと、「革」の字は「変えること」ですね。皮を剥げば動物の姿が一変する。「命」は命令ですが、それは「天命」ということです。中国の宇宙観、社会観は、天という不動で絶対のものがあり、そこから命が下って、王朝が変わる、ということです。これを「易姓革命*」といい、それでどの家族に王朝の権力を渡すかが決まる、それに由来するのが中国流の革命です。つまり中国では、絶対不変な概念としての「天」があり、「王朝の変わり方を指示する基準が天からもたらされる」という考え方なのでした。

それにたいして英語の revolution は、re が「再び」、volution は「螺旋状で回る」という意味で、そのもともとの意味は、「古き良き基準がふたたびめぐってくる」、つまり「再巡」とでもいうべきものです。もちろんまったく同じ時代は戻ってはこないし、新しい状況のなかで違ったものが現れるにすぎません。しかし、本質的には変わらない基準が再来するということはある。それが、「古き良き事態がふたたび姿形を変えて現れる」という意味での revolution なのです。

ところが、近代が始まると同時に、revolution の意味がまったく違うものになってしまった。フランス革命以後もさまざまな革命がありましたが、その代表が

易姓革命　中国の思想で、天の命により政権が変わるという考え方。王朝交代の正統性を支えるものとされた。

ロシア革命ですね。中国の辛亥革命*がそれに次ぐのでしょう。これら近代革命の意味は、「かつて一度もなかった大変化を作り出す」というものです。もう少し詳しくいうと、「再巡」は法則的必然であり、そうならば必然を具現化すべく、どんな大変革を起こしても正当だ、とみるイデオロギーが近代の革命論となります。フランス革命は、アンシャン・レジームの旧態依然とした体制をすべて破壊するというジャコバン党の破壊思想で進められ、最後にはテロル（恐怖）の政治へと逆転していきました。ロシア革命も同じで、ツァーリズムを全面的に破壊し、ニコライ二世*ファミリーを殺戮し尽すまで、さらには旧体制の名残である自軍を共産党の赤軍が掃蕩し終わるまで、破壊が続けられました。毛沢東の文化大革命*も「破壊のための破壊」となっていきました。いわゆるプロレタリアートが現世の理想のユートピアである平等社会を実現させるのだということで始まったロシア革命ですが、スターリニズムによる大粛清が起こり、一説には収容所その他で三〇〇〇万人が殺されたのではないかといわれています。中国革命における毛沢東のそれは五〇〇〇万だったという説すらあります。

その実態はともかく、革命の理想は、「新しく大きな変化を速やかに作り出す」というものです。言葉を替えれば、radicalism（急進主義）といわれるものです。

辛亥革命
一九一一年（辛亥の年）に中国で起こった革命。武昌での蜂起を契機に、各地で革命派が蜂起。翌年中華民国が成立した。臨時大統領は孫文。

ニコライ二世
一八六八年生まれ。ロシア帝国最後の皇帝。一九一八年銃殺された。皇太子時代の一八九一年に来日したが、大津で襲われて負傷した（大津事件）。

文化大革命
一九六六年から六九年にかけて起こった政治運動。毛沢東が主導。紅衛兵を組織し、造反有利をスローガンとした。多くの知識人が投獄・殺害され、宗教施設なども破壊された。

ラディカルとは不思議な言葉で、根っこをたどれば「ルーツつまり根っこを表に引きずりだす」ことです。それが rapidly つまり急激に行われるわけです。

アーレントが批判したのは、そのような近代革命思想にたいしてでした。もとのヨーロッパ革命思想は、バーク*流にいうならばプレスクリプション (prescription) つまり「あらかじめの規定」ということでまとめられます。それは、社会を根こそぎひっくり返すことを非とします。物事を判断するためには前提がなければならず、それゆえ経験的にみて納得のいく前提をおいて事を進めていこう、それがプレスクリプションの思想です。

近代の革命思想はバークの思想をばっさり切り捨て、あるいは忘却したところに成立しています。そして、経済学における変革の思想は、明らかに近代革命思想と手をたずさえているといわざるをえないのです。

経済学者で歴史的変化の問題を最初に重要視したのは、ジョセフ・シュンペーター*ですが、彼はドイツ語で、ノイエ・コンビナチオン (neue kombination)(新結合)、英語ではイノベーション (innovation) の重要性を指摘しました。

イノベーションは、innovation ですから、「新しいことのなかに入っていく」という意味で、革新とよばれています。technological innovation をはじめとして、

エドモンド・バーク
一七二九年生まれ。イギリス下院議員、哲学者。近代保守主義の先駆として知られる。『フランス革命の省察』など。

ジョセフ・シュンペーター
一八八三年オーストリア生まれ。経済学者。イノベーションにより、資本主義の創造的破壊が生まれると説いた。『経済発展の理論』『資本主義・社会主義・民主主義』など。

いろいろな意味で革新思想が出ているけれども、「古きものがふたたび巡ってくる」などという思想は、近代では滅多にありません。誰も知らない新しい物事を作り出すのが経済のダイナミズムだ、と考える革新思想が流行しつづけています。

シュンペーターは、ノイエ・コンビナチオンの具体例として五つ挙げています。①新製品、②新生産方法、③新販路、④新資源、⑤新組織。ここでもひたすら、newnessすなわち「新しさ」が強調されつづけ、そのうちに、新しい物事が良いか悪いかを識別するということすら忘れ去られて、「新しきことそれ自体が人間にとって刺激であり楽しみである」というふうに変化の意義が強調されてきたのです。

新しいものを他に先んじて作り出し、先取特権としての超過利潤を得ることができる、というのがシュンペーターの経済発展論です。新技術が（特許が切れたあと）ほかの企業によって追いつかれると超過利潤もまた消滅しますが、そのときには、企業はより新しい革新に向けて、ダイナミックに前進している、とみるのが革新の（理論というよりも）イメージなのです。現にそういうものとして資本主義が進んできもしました。

ところが、これは社会学的・政治学的考察を加えればすぐわかるのですが、新しいことそれ自体が立派な社会的価値として設定されてしまうと、法律であれ道徳であれ、時間をかけてできる秩序としての「習慣の規律」（習律）が壊されます。法的に確認されるものとしての制定法（法律）、そして常識として確認されるものとしての「習律」、その二つがこの世を秩序づけるルールです。しかし、イノベーションが立て続いて起こるようになると、習律が不断に打ち壊されていくということになります。法律もたえず状況の変化を後追いするだけのこととなるのです。経済もふくめ社会全般がdisorders（混乱）に陥るわけです。近代資本主義の経緯をみても、史上かつてないような頻度と速度で、さまざまな社会的激動が起こりつづけました。経済の中心をなす市場機構も同様に激動にさらされてきました。そうならば近代革命思想にたいして厳しく慎重であらねばならない、と気づくのです。

日本において、近代の最初のメルクマールとして明治維新*があったということは、猫も杓子も知っております。ところが「維新」という言葉の意味を確認しないままに、「新」という側面だけに注目して、「日本はそれまでと一八〇度方針転換して近代社会に突入していった」という歴史イメージを日本人は持ってしまいました。維新の「維」の字は孔子*の詩経のなかにあって、「周は旧邦（古い国）

明治維新
幕末から近代国家成立までの諸改革をいう。一八六八年の大政奉還の後、天皇親政が宣言され（王政復古の大号令）、明治政府が成立。天皇を中心とした中央集権国家の確立を目指し、廃藩置県のほか郵便制度や鉄道の整備などが行われた。一八八五年には太政官制を廃止し、内閣制度が発足。初代総理大臣は伊藤博文。また、一八九〇年に大日本帝国憲法が施行された。

孔子
前五五二年生まれ。中国、春秋時代の思想家。儒教の祖といわれる。弟子たちの編纂した『論語』など。

なれども、その命はこれまた新たなり」とあります。その「これまた」が「維」なのです。「昔あった物事が、いままた甦った」という意味です。「維」は「ふさ」です。房はいろいろな糸がつながっているさまを表しており、明治維新を「いままでと断絶した、新しい時代が来た」とするか、「これまた新たなり」つまり天皇制においてつながっていた社会体制を一八六八年においてしっかり確認しようという観点とみるか、一般的には曖昧至極です。

明治の維新は、英語では「restoration」と訳されます。re は「再び」で storation は「貯え」ですから、それは「復古」ということです。天皇が政治の表舞台に近づいてきて、奈良時代のような、日本の古い時代が再びやってきたと欧米人は眺めていた。維新とは復古であり、復古とは維新である。古きものと新しきものとのあいだの繋がりをしっかりと確認するのが維新という言葉です。

少し前に「平成維新*」というキャッチフレーズを唱えた人がいましたが、それは明治や江戸を復古させるという話とは関係がありませんでした。それは、イノベーションをひたすらに求めるエコノミストの声であったのです。維新という言葉の意味すら理解しないままに、経済の処方箋がさまざまに書かれ、そして消えていきました。

平成維新
経営コンサルタントの大前研一氏が会長を務めた平成維新の会による政策提言のこと。

9　決断主義は不可避

今の世界では社会の全領域が混乱状態にあり、現代人は、おびただしい不確実性のなかで、未来にたいする視野を極端に短くしております。こうした時間意識にマイオピア（myopia）つまり「近視眼」という表現を当てておきましょう。なぜ近い未来をみられないのかというと、それは、おそらく、短い過去をしか記憶していない、もっといえば気に留めないからでしょう。つまり、激変する状況では、遠い過去は未来予測に役立たないとみなされるわけです。マイオピックな人びとは明日は今日の延長であろう、というところまでしか考えられない。つまり、その日暮らしの生ということです。

そのことが、今の資本主義的経済に如実に現れています。企業の価値を示すといわれているのは株価*ですが、それがどうして毎日のように上がったり下がったりするのか。これはマイオピックな視野のせいです。視野を三年、五年と遠くにとるということなら、株価の変動は落ち着いてくるはずです。これは、株価のみならず、普通の人間の生のダイナミズムにも当てはまることで、安定した生活を

株価
売買が成立したときの約定値段のこと。株式相場の変動を表す株価指数としては、東証株価指数（TOPIX）や日経２２５（日経平均株価）などがある。

送っている人間とは、今年調子がよすぎるなら、「来年あたり不景気だろう」と考える者のことです。昨年あまりよくなかった人間は、今度持ち直すだろうと考える。ところが、マイオピックな人は、時間視野が短いので、今期収益が上がればそれがただちに株価に反映されなければならないという強迫観念にとらわれる。本来、株価は、企業がgoing concern（継続的事業体）ならば、遠い将来までもの期待を反映するものです。マイオピアは、今日のことだけみて、明日のことをしか考えない。その見本が今のビジネスであり、それを正当化しようとしてさまざまな分析や理論を提供しているのがエコノミストだというわけです。

エコノミストたちは、あたかも自分たちに確固たるビジョンやフレームがあるかのように語っていますが、彼らの経済分析を支えている思想は、全き不確実性のなかでの、絶望的な、逆に冒険的な、決断にすぎません。その意味で現代におけるニヒリズム運動の先兵となっているのがエコノミストなのです。

イノベーションによって社会の慣習が崩されますので、人びとの関係性が脆弱になり、いきおい社会の信頼関係も薄らいでいきます。未来の社会も、社会であるからには、人間関係の束です。したがって、未来への見通しも不安定になる。どんな得体の知れないことが起きるのだろうかと、未来の不確実性が非常な勢いで高まってくるのです。

これをさしてケインズが「crisis of confidence」（確信の危機）とよんだのは、その時代、ヨーロッパは第一次世界大戦、第二次世界大戦と立て続けの動乱に見舞われて、人々とは社会の安定に、あるいは過去と未来の歴史的なつながりに、確信が持てなくなっていたからです。今に比べれば、ヨーロッパの伝統ははるかに多く残っていたのですが、ケインズたちにとっての二〇世紀初頭の世界風景はまさに危機の坩堝でした。

イギリスの経済学者シャックル*は、ケインズがみた社会のことを「カレイドスコープ」と形容しました。「万華鏡」ですね。日本人は万華鏡と聞くと、「きれいな見世物」としか思わないようですが、ここでカレイドスコープというのは、「ほんのちょっとの変化で全体が一変してしまう」ような情景のことです。細い筒を回すことでなかの色紙の破片の映像が多面鏡に散乱して、ほんの小さな変化が、大きく全体の光景に大きく波及していくということです。小変化が一気に大変化に成長するカレイドスコープの世界が、一九二九年の世界大恐慌後の経済状態でした。

この喩えは、ケインズ論としては明らかに誇張です。彼は、古きものがマーケ

ジョージ・シャックル
イギリスの経済学者。生涯を通して、不確実性理論に取り組んだ。ライオネル・ロビンズやフリードリッヒ・ハイエクを中心としたロビンズ・サークルのメンバーといわれる。

ットのさまざまな硬直性となって、市場の自由な動きを制限していると強調しもしたのです。だから、総べてが不安定になるような社会をケインズが思い描いていたわけではありません。しかし、彼にカレイドスコープ的な見方が目立っていたことは認めなければならないでしょう。

ケインズの時代、実存主義*（existentiolism）の哲学がヨーロッパを覆っておりました。実存主義にはさまざまな流れがあるとはいえ、一つだけ確かなのは、ヨーロッパの哲学者たちがおのれの実存について、神経過敏といいたくなるほど注目したのは、確信の危機、信頼の危機、価値・規範の危機という人間心理についてです。それは、社会の制度がきわめて不安定になっていたことの反映にほかなりません。

たとえば哲学者カール・ヤスパース*は、社会が不安定であればこそ、人びとはある種宗教的な境地に近づいていくだろうとみました。全き不確実性に直面したとき、人間は何を基準として生きるか。ヤスパースはconscience（宗教的な良心）だといったのです。これを宗教と解釈する必要はないのかもしれません。コンシャスネスつまり「意識の根本にある形」に思いを寄せなければ、人は何事も選べないであろう、と彼は考えました。おびただしい不確実のなかでのdecision（決

実存主義
人間を本質存在ではなく、現実存在としてとらえる思想。代表的な実存主義者としてマルティン・ハイデガー、ジャン＝ポール・サルトルらが挙げられる。

カール・ヤスパース
一八八三年生まれ。ドイツの精神科医、哲学者。実存主義哲学を提唱した。『精神病理学総論』など。

断)、それが三〇年代における人々の心理であり、それは今も続いております。
各国で「危機のなかでの決断」を煽る世論も高まっていることは、宗教運動の昂揚などからもみてとれます。

10 高度大衆社会の出現

いったい、こういうマイオピックは経済を中心とする社会をどう表現すべきなのでしょう。エコノミストたちはそれを紋切り型に「自由民主主義社会」とよびます。本心はともかくとして、リベラル・デモクラシーというすぐれた文明状態が全世界に広がりつつあると思おうとしている、それがエコノミストの思想のようです。しかし西欧世界では、近代が始まるとすぐに、由々しき社会の腐敗・混乱が起こるのではないかと懸念されていました。それを懸念を表現する人間観・社会観、それがいわゆる大衆論です。

大衆は、英語でいえば「マス」(mass)です。それがpeople(人民)とは異質だということが日本人に知らされておりません。大衆とは「民衆の堕落形態」にほかならないのです。

一九世紀前半における mass の定義は、フランスの政治思想家トクヴィル*にあって、「教養と財産をもたない人びと」と定義されました。大衆という人間集団が怪しげな動きをするという意味において、マス・ソサイアティという言葉がつかわれたのです。

ところが、二〇世紀、経済が発達して、「財産はないが所得はある、教養とはいえないが教育もある」という人たちが多くなりました。トクヴィルが考えたような「無知で貧窮のやから」という意味での大衆は姿を消しつつあります。しかし、どれほど所得があり教育を受けようとも、その人たちの精神の在り様を問うべきだという大衆論が、二〇世紀の二〇～三〇年代に出てきました。これは、ホセ・オルテガの言を借りればわかることです。彼はこういってのけました。「大衆人（massman）の見本は誰か。それは specialist（専門人）である」。

spec は「見る」ということですから、物事の総体をみる能力もみようとする気力もない人びとがスペシャリストで、それが massman（大衆人）の典型だというのです。スペシャルな知識つまり「情報」を手に入れることで充分満足してしまっている人々、彼らこそが大衆の見本なのです。ほとんどの人民が大学に行くという教育普及の状況において、一見、一九世紀的な大衆は消滅したが、教育

*アレクシス・ド・トクヴィル
一八〇五年生まれ。フランスの貴族。政治家。アメリカ旅行をふまえて書かれた『アメリカの民主政治』で知られる。

と所得を持ちながらスペシャリストであることに満足し、物事の全体や流れについて分析することに何の関心をも持たないということが起こるのです。

オルテガはこのようにもいってます。「科学者、技術者は『実験室のテロリスト』である」。実験室で切り刻んで発見した物事の断片にのみに関心を払い、物事の広さ・深さを理解する営みをディレッタンティズム、アマチュアリズムとして軽蔑する、それが技術者・科学者の世界に対象に発生していると警告したのです。二〇世紀、大衆の世界が圧倒的に肥大しました。

日本において、オルテガの意味での大衆社会が「高度」(advanced)であるというのは、大衆人の代表者たちが、現代人たちがほとんどあらゆる権力を簒奪するに至った状況のことをさします。経営者であろうが大学の先生であろうが、その本音はともかく、大衆の願望を充足させるようとするのが建て前です。大衆が社会の権力をほぼ掌中におさめたという点において、高度に発達した大衆社会が全世界に広がっております。そして、経済学こそが、大衆およびその代理人たちからの要請に二つ返事で処方箋を書くスペシャリストとして、大衆社会の中心に蟠踞するという事態になってしまったのです。

ここで疑問が生まれます。物事の一部しかみないスペシャリストが、どうして経済全体への処方箋を書くことができるのか、という問題です。その道筋を追っていくと、「マスメディアの世論形成力」という問題につき当たります。

マスメディアの報じる「世論」は、物事の全体を色づけし、それにレッテルを貼ります。一例を挙げれば「日本の政府は大きすぎる」と世論は報じます。実際にはそう大きくはないのですが、「日本政府は怠けている」、「役人は、天下りすべく、エゴイズムで動いている」というような全体イメージをマスメディアは大衆に与えるのです。そのような世論における「全体的イデオロギー」めいた判断が、専門人による専門知の展開にたいして大前提を与えることになります。

多くのエコノミストがマスメディアの走狗になるのは、彼らの個人的な好みや利害の問題ではないのです。彼らの思考の大前提が世論により色づけされているのです。自分らの専門めかした部分的な分析や提案も、世論の全体的判断において肯定されるはずだという脈絡で、マスメディアと専門人の距離が近くなってきております。社会問題についての処方箋の書き手という立場を、エコノミスト集団が自他ともに認めるのはそのためです。

アメリカでもこの現象は広がっており、多くのエコノミストが政府の政策決定審議会、調査会などに頻繁に顔を出し、中央政府や中央銀行を動かしています。

政府だけではなくて、巨大ビジネスや巨大政党にたいして、エコノミストという社会のほんの一部をしか知らない人びとが、大きな影響を与えています。それが同時に社会のカレイドスコープ化を促進している、という現実を見逃すことはできません。

第5章　公共性の喪失——組織の液状化

1　公共性なき核家族

先進国における二〇世紀の後半からの顕著な現象ですが、家族という組織が瓦解し、「nuclear family」（核家族）とよばれる現象が生じました。というより、今や、核家族しかみることができないという様相を現代社会は呈しています。核家族とは、両親と子どもという最小単位で構成されている家族のことです。最近では「夫婦二人、子ども一人もしくは二人」の小さな核が、さらには核をすら作らぬ単身者が、社会に無数に点在するという有り様になっております。

このニュークリアという表現はあまり適切なものではなかったのではないかと思われます。というのも、原子物理学でいうところの原子核、そしてそれを構成している素粒子には、莫大なエネルギーが含まれているからです。人間の核家族においては、小さいという意味では素粒子も同然だけれども、大きな家族そして大きなコミュニティの持っていた社会的紐帯を失うことによって、家族のなかの人間関係も空洞化しております。このことは火を見るよりも明らかなのです。エネルギーをとめどなく小さくしているというのが核家族についての正確な診断なのではないでしょうか。子どもたちの世界にも、携帯電話のようなＩＴ技術にすがるのみという無気力が拡大しております。

核家族に触れたのは、それが経済における消費のユニットとなっているからです。家計*は英語でいうとハウスホールド（household）で、それは、読んで字のごとく「家を維持する」ということを意味し、家族での金銭計算のこととみなされています。家族をめぐる人間関係は、「家計」という形で、消費を中心とする物質現象で保たれているという見方はおかしいのです。愛情関係、権力関係、社交関係などいろいろありますが、経済学は消費という一側面だけを切り出してきて、それを「家計」と定義して、消費 unit（単位）として切り離してしまっているのです。なぜそれが許されないかというと、消費の未来を予測しようとすると、家族という制度の全側面にかんする（たとえ大づかみであっても）予測がなければならないからです。

家計という経済的側面の切り離しが可能だとしたら、そこには、消費欲求・消費購買において、privatization（私人化）が明らかに起こっているといってさしつかえないでしょう。昔ならば、消費を通じて大きな家族は、地域共同体のなかでおのれの社会的ステイタスを固めるために、ある一定の消費をしてみせなければ

家計
家計や企業といった経済主体を研究する経済学をミクロ経済学という。

ばなりませんでした。ニュークリアア・ファミリーでは、「ハウスホールドはプライベート・スペースなり」という私人化現象が起こっています。自分たちはプライベート・グッズしか消費していないし、しなくてよいという心理で消費が行われているのです。

private goods（私財）は厳密には存在しません。どんな商品もイメージ特性を持ち、イメージはかならず社会的かつ公共的イメージにつながりますので、イメージは純粋に「〝わたくし〟できる」ものではないのです。ところが、「自分のために服を着ている」、「自分のために食事している」という錯覚、倒錯が起こる、それがプライバタイゼーションということなのです。

それを利用しようとするのが、コンビニエンスストア*やスーパーマーケットという小売業です。そこに車というプライベートな空間で乗り付けることによって、自分の食べ物をはじめとする物品が買われます。それは、私人が自分のことだけを考えて消費することで、商売の形態もそれにふさわしいものになっているのです。

本来、消費を通じて公共的イメージを精神的に消費するのが、ファミリーの一つの役割であるはずです。それなのに、それが表面に浮かばず、押し隠されると

コンビニエンスストア
早朝から深夜まで、あるいは二四時間営業の小売店。薬事法の改正で医薬部外品の販売がスタートしたほか、アルコール飲料の販売自由化など利便性の向上がはかられているが、食料品の大量廃棄といった問題も起こっている。

いう社会システムになっています。結果、社会全体にたいして、個人は物質文明・技術文明に「純粋な消費者」としてしか出現できなくなります。消費を通じて社会的価値を継承し、それを自分たちの子孫に伝承させるという価値連関が見失われてしまったのです。

これは歴史時間のみならず社会空間においてもいえることです。ヨーロッパの観光都市は、たとえばイタリアなどをみると、共同体としての都市が形成されています。「これが私たちが共同で作り上げた街の景観であり、歴史的な栄誉を担って生産されているのがこの商品です」と公共性を意識して、財・サービスが商店に並んでいます。そういう趣が強いのです。

日本のショーウィンドウは、品物の展示場にすぎません。したがって、ガラス越しに眺めて「自分に合うかどうか」と眺めるためのものとみなされております。しかし、文明全体の様相をガラス越しに味わっているからこそ、客が一時間も二時間も（買う気がないにもかかわらず）ショーウィンドウをのぞくことができている、と考えるべきでしょう。ショッピングの本質にそういう次元があるのであって、とくに女性たちは本能的にそれを知っているということでしょう。もちろん、客の圧倒的な大多数は、そこに陳列されているイノベーティブ・ファッションにはなかなか手が届かない。そこで、イリュージョンからふと我に返って、自分自身を眺め返したとき、圧倒的多数の人間は、ローマの「子供を産むこと」しかできないプロレタリーほどではないけれども、その日暮らししか送れないニュープロレタリアが、技術文明のただなかに徘徊している、自分はその一人であると気づいて、我に返るのです。

すると自分が社会から疎外されているという不安が湧いてくる。しかし現代は、その不安をいっときまぎらわせるための仕掛けが実によくできている。携帯電話のメールやサイトにのめり込むことによって、自分の不安感や焦燥感を一時しのぎにやりすごす。それはまさに「ニュープロレタリア・クラス」の行動様式だ、といってさしつかえありません。

このニュープロレタリアのための経済成長をことほぐプロパガンディスト、それがエコノミストです。

エコノミストたちは、相も変わらず、「はたして豊かな社会は実現できたのか」議論しつづけていますが、ガルブレイスのいった「ゆたかな社会」には、経済成長への皮肉や批判が多分に込められておりました。もともとガルブレイスは、ニューディールの流れを汲むアメリカン・レフトですから、affluence（豊穣）を褒め称えるだけですむわけがなかったのです。それに類似した言葉で「エッフルエンス」(effluence) という言葉があります。「流出」、「廃棄物」のことです。affluent society はそこまで強い言葉ではありませんが、effluence (流出) が、とくに公共財や価値観の方面で生じているという状況を描いてもおります。

アメリカ人ガルブレイスにもあった、このような近代文明へのペシミズムが、太平洋を越えて日本にやってくると全く蒸発しました。もっと豊かな社会になるべくもっと素晴らしい経済成長を遂げよう、というような子供じみた経済論が支配的になったのです。

2 企業は何物か

家計は最終の需要として機能するのですが、一方、供給者として機能しているのは、いうまでもなく企業です。企業つまり「業を企てること」という言葉には、普通、フランス語からきたアントレプルヌールが対応させられます。大航海時代*でいえば、未開の社会からモノを収奪してきて、ヨーロッパで売るという、スペイン・ポルトガルが行ったようなことでした。産業化の時代がやってきてからも、

大航海時代
一五世紀中期から一七世紀中期にかけて、ヨーロッパ各国が競ってインド・アジア大陸・アメリカ大陸などへ進出した。一四九八年、マヌエル一世に命じられたヴァスコ・ダ・ガマはインドのカリカットに到着。香辛料をポルトガルに持ち帰った。マゼランはスペインのカルロス一世の援助のもと、一五二一年にフィリピン諸島に到着。また、アメリゴ・ヴェスプッチは新大陸(現在のアメリカ大陸)を発見した。

新しい技術を持ち込んで新しい商品を完成させ、現在と未来の時間軸を利用して超過利潤を上げる、それが企業のあり方だとみなされてきました。

今では、企業については「ビジネス・ファーム」（business firm）という言葉が当てられてることが多く、これはなかなか面白い言葉で、business は「多忙」、firm は「確固」ということですから、直訳すると、「多忙確実」というのがビジネス・ファームです。多忙確実な「going concern」（継続的事業体）が現代の企業というわけです。

それでは、「確固とした」基盤自体はどこにあるのでしょうか。そこを問うのが大切です。それを問うてみると、とりわけ日本企業は、その独特の歴史的経験のおかげで、組織としてファームであり、将来の不確実性にたいしてそれなりにしっかりと対応することができました。その意味でゴーイング・コンサーンである、ということになっておりました。

とくに「物作り」においてこのことが強調されなければなりません。生産計画、投資計画、技術革新計画、販売計画、宣伝計画など、将来に向けてのプランニングにかなりの時間と費用を要するのが物作りです。そうである以上、それをファーム（しっかり）させるためには、経営組織というＨＯ（human organization）が必要になるのです。

企業の代表的生産要素は何かとなると、判で捺したように「資本と労働」が挙げられます。しかし、資本も労働も短期的にはその量を増減できないという固定要素だということに着目しなければなりません。短期的にその企業の注文が多ければ、資本の稼働率を高め勤労者の残業を増やすという形で、ＨＯとして対応する。逆もそうです。たまたま企業への注文が少なく、在庫が増えることになれば、操業率を下げ勤労度を下げ、そのうちにワーク・シェアリング*と称して、少ない仕事を分け合うという形になるでしょう。それが組織としての短期的な対応です。逆をいえば、組織に組み込まれた資本と労働を増やしたり減らしたりするためには、ある程度は長い時間をかけなければならない。そうしなければ組織が瓦解してしまう、という問題が生まれるのです。

企業にとって問題なのは資本の存在量よりも投資の量です。投資率とは、時間をtそして資本ストック*をkで表せば、$\Delta k/\Delta t$です。つまり、時間をかけて資本を増やすというのが投資です。労働についても実は同じことがいえます。労働市場とは「求人と求職」の折り合う場所です。時間をかけて労働者を増やそうという求人、時間をかけて自分を勤労者として売り出そうという求職、それが出会う

ワーク・シェアリング
勤労者一人あたりの労働時間を減らし、複数の勤労者で仕事を分かち合うこと。不況時には、雇用創出などを目的として導入されることが多い。厚生労働省では「日本型ワーク・シェアリング」の促進に向けて、助成金の拡充などに取り組んでいる。

資本ストック
減価償却分を差し引いた設備の残高のこと。統計データとして「民間企業資本ストック」（内閣府）などがある。

のが新規雇用の市場です。「労働の需要と供給」は、原則的に「求人・求職というフロー」の次元にあります。

ストックとは、ある時点で、どれだけの物財が存在しているかということで、フローとは、ある短い時間をかけて、どれだけの物財を増減させるかということです。

資本と労働も、組織のなかでは、短期的にはあくまで固定要素です。それゆえに、それについての増減の決定はフロー次元においてなされます。ところが、経済学において、労働はいつもストックにたいする需要としてとらえられます。これは実にばかげたことで、組織の持続可能性を考えた場合には、労働のほうが資本よりも大事なのです。たとえば生産機械ならば、移動させることも簡単、売りさばくことも簡単、ましてや証券化しておけば所有権の売買はいっそう簡単、つまりストックの量を簡単に調整することができます。ところが労働は、ＨＯのなかに組み込まれているので、簡単に商品化・流動化させることのできない生産要素です。フローとしての性格を強く持っているのは、資本よりも労働のほうだと考えるべきです。そのことすら経済学では確認されておりません。

いま日本で、勤労者の三分の一が非正規雇用という問題が取り沙汰されています。非正規雇用者は、企業がその気になれば首を大量にさっさと切られるわけで、企業はまさにストックとして勤労者を扱うのに多忙ということになっております。このようなやり方は、組織を解体させるため、不確実性に満ちた社会において長期的にはうまく機能することができません。労働条件上で不利な立場におかれている非正規雇用者たちの割合が全勤労者の三分の一を超えるようになると、組織が解体されて、ゴーイング・コンサーンとしての企業が徐々に揺らいでいきます。不安定な状態がもたらされると、物品同然に扱われてしまう勤労者たちが、企業の内と外の両方において、さまざまな不平不満を抱くに至って、それが企業をとりまく環境のみならず、政治環境にまで影響を及ぼし、社会全体に不安定の連鎖が広がっていきます。

いずれにしても、「組織とは何か」、組織には「三本柱」が必要だ、ということが再確認されなければなりません。組織における価値の中味は、その集団に関係するものたちが共同目的を持つということですが、その共同目的は何かとなると、common return（共同利益）を最大にすることです。その共同目的が共有することによって、組織としての一体性が保たれます。

また、組織が役割体系であるのは、その役割体系のなかに構成員が位置づけられるためで、そうすることによって組織全体の機能が高まるのです。その役割体系を参加者が全員で肯定できるというのが二本目の柱です。三本目の柱は、共同利益の分配率が安定しているということです。つまり、共同利益を最大にしても、一部の役割を持っている人間がその利益を独占するようなことがしょっちゅう起こるというようなことでは、役割体系も共同目的も破壊されます。急に低い分配をしか受けないということになる階層から不満なり反発が起きて、企業組織が崩壊してしまうということです。

いま、マイオピックな視野のなかで社会も組織も不安定になっていればこそ、共同目的・役割体系・分配率の安定という三本柱の上に企業組織を再構築しなければなりません。

3　不完全なのが競争の常

競争市場の効率性というのが虚構にすぎないとは第3章の第2節で既述しましたが、その内容についてもう少し詳しく検討してみましょう。第一に、scale economy（規模の経済）があれば、大規模企業のほうが生産効率が高いということですから、競争価格で取引すると規模の経済を享受している企業に損失が発生してしまいます。逆にいえば、規模の経済が強い産業においては、独占体・寡占体が生じるのです。そして「規模の経済」はけっして例外的な場合なんかではありません。スケール・エコノミーが産業の実態だということを考えただけでも、「効率性」は御伽噺のようなものだとわかります。

第二に、「不確実性」が確率的に予測できるのであれば、それに応じて金融商品を作って、リスク予測による商品のランク付けを行って、それぞれ期待収益と危険を計算し、デリバティブ市場で売り買いすればよいということになります。しかし、確率的予測などは机上の計算にすぎません。仮に確率分布というものが得られるとしても、それを正確に報告しないという「moral hazard つまりモラル・ハザード*（道徳的危険）」すらもが発生してしまいます。いえ、そんな分布はおおよそ嘘なのですから、真のモラル・ハザードは、確率分布上での risk（危険）を予測できる、と市場に虚偽申告をする不道徳だといったほうがよいでしょう。

現実の市場では、スケール・エコノミーとアンサートゥンティの下では、imperfect competition（不完全競争）しか起こりません。そのことが一九三〇年

モラル・ハザード　元々は保険分野で使われる用語で「道徳（が乱される）危険」のこと。

代にいろいろと研究されていたのです。イギリスの経済学者ジョン・ロビンソン*たちが、それほど体系立った研究成果は出ませんでしたが、「不完全競争の理論」というものを、部分的にせよ検討したのでした。

不完全競争について、ややはっきりしたことがいえるのは、pricing（価格付け）が「マークアップ・レイショ（mark-up ratio）」という方式に従って行われるということです。マークアップとは「積み重ね」のことです。付加価値でいって、一個の価値に含まれている賃金部分がすでに与えられているとして、それに一定（三割程度）のマークアップをつけて、三割程度の収益率があれば満足とみなし、価格設定するということです。

組織が持続していくためには、分配率が安定していなければなりません。役割体系の確立が必要だというとき、賃金七割、利潤三割をマークアップで価格付けをやって、付加価値の分配を組織内部において安定させうることができます。マークアップによる組織安定ということを経験的に学びながら、プライシングが行われてきたのであり、それは組織の見地からして合理的なことです。

このようにして、短期的に固定要素たる資本と労働にたいする安定分配とそれにもとづく安定した価格がまあまあ長期的に続いているなら、将来の価格趨勢に

*ジョン・ロビンソン　一九〇三年生まれ。イギリスの経済学者。不完全競争論などの分野で業績を残す。ケインズ・サーカスの一員。『資本蓄積論』など。

おいても安定した傾向が生まれるでしょう。そのように将来予測を組み立て、それに応じて安定した投資活動や求人活動をすることができる。これを、かつての日本的経営が最もうまくやったものだろうと思われます。その逆を行って組織を壊して何もかもフローとして伸縮的に増減させよう、価格も伸縮的に操作することができると構えたとたんに、企業・産業の体制は瓦解していくのです。市場原理主義に染まっているエコノミストには、不完全競争は欠陥のあるシステムのように思われるけれども、それはむしろ逆であって、不完全競争のもとでの企業組織や製品価格の安定、それが健全な市場なのです。

第三に、公共財が市場に馴染まないことは周知のところですが、経済学では、それをクラブ*（club）の理論などで、準市場的に解決できるとしてきました。つまり、共同消費するしかない財・サービスについては、クラブでそれを共同で使用することにしようというわけです。そこで、クラブのメンバー（member）は、自分の応益分に応じて費用を払うというわけです。しかし、そこで「虚偽の応益申告」がなされ、いわゆるフリー・ライド（只乗り）が行われることは論を俟ちません。結局、政府が公共財を提供・管理するほかないわけですが、それをどういう規模にするか（いかなる税金を徴収するか）というのは政治的決定にゆだねる

クラブ　複数の人が会員となって、費用を負担することでその財を利用でき、費用を負担しない人は利用できないようにすること。

しかありません。しかも、それを民主主義政治に全面的にまかせるのでは、民主主義もまた「嘘の申告」を含みますので、問題が生じます。強かれ弱かれ、個人の意見の集計ではなく、公共的見地からの国家運営の一環として、公共財を処理しなければならないでしょう。いえ、「処理」というのは間違った言い方です。「規模の経済」、「不確実性」そして「公共財」にかんして政府の作る枠組み、それが市場機構の在り方を決めるための土台となるのです。

そうとわかれば、「不完全競争」という言い方それ自体を不適切とみなければなりません。競争は、こうした公共的な土台があってはじめて可能となるのですから、その土台の上で展開される「安定した競争制限」、それをこそ（完全とよぶ必要は全くありませんが）適正競争とよんでおけばよいのです。いずれにせよ、組織なしの競争はありえず、そして諸組織を究極において制御するのは政府なのです。司法府のみがそれらを律するというのは、近代社会では不可能です。ルールの形成・解釈・運用において組織のパワーが関与してくるからです。近代の経済は state capitalism（政府の主導する資本主義）でしかありえない、と断言してよいのではないでしょうか。

4　企業は誰のものか

肝腎要の問題は、企業をはじめとして経済主体が組織だと考えたときに、組織はいったい誰のものかという問いが生まれることです。法律的にいえば、「企業は株主*のもの」です。エコノミストがこの見解を盛大にふくまらせて、株価を最大にしないような経営者は追放され、会社はM&A*（merger and acquisition：合併・買収）に処されてしかるべきだといいつのってきました。不良経営企業のたき売りが盛大に行われた結果、競争が独占・寡占を生むに至ったという最近の経緯もあります。

しかしながら、組織は株主のものだけではありません。所有権は、重要ではあるが、組織の権力構造をみるための一つの要素にすぎないのです。

ホワイトカラーやブルーカラーを明日全員解雇したり、大幅に増減させたりすることはできません。株主は、今日企業の所有権を買って、明日にはそれを売却することができはします。しかし、企業の実態はそれで大きく変わりはしません。実のところ、企業の実態と一番縁遠い存在、それが株主です。ですから企業の所

株主
株式会社への出資者のこと。配当請求権や議決権といった権利を保有する。

M&A
Merger and Acquisitionの略。MBO（経営陣による買収）、EBO（従業員による買収や経営権の取得）、LBO（買収先の資産やキャッシュフローを担保にして買収資金を調達し、買収後に買収した企業の資産等で返済する）といった手法がある。

有権は、それが企業の経営から離れたものであるかぎり、株式市場で売買される金融証券にすぎないのです。

stock（株式）は、植物の「株」という意味ですが、木の株に投資して企業が作られるわけです。植物が成長して枝葉が茂りて果実が実るようにして企業が成長します。「株」が植物の全体なのではありません。株主はその植物の全体を商品として買ったり売ったりすることはできます。しかし、企業という植物が株主、経営者、ホワイトカラー、ブルーカラー、取引金融機関、下請け製造業、安定顧客などと organic（有機的）に結びついていることを重んじ、そういうものとしての組織を育てていこうという発想が、株主にはありません。

生命力と自然環境がなければ植物が育たないのと同じように、企業は、オーガニゼーションの内と外にあるさまざまな関係者と繋がりつつ成長していくものです。

そう考えると、共同利益と役割体系をどう確立するか、収入の分配率をどう決定するか、しかも長期展望においてどうするか、と考えると、「企業は関係者みんなのもの」といってさしあたり間違いではありません。

ところが、そう簡単に割り切ることもできない面もあります。経営学を始めたチェスター・バーナード*（『経営者の機能』）が指摘したことなのですが、組織に関連する人の人格は二面性を持っております。

ある人が会社に入社すると、その人の人格は、その企業の一員としての組織人格（organizational chracter）と、そこに吸収されない個人人格（individual chracter）とに分裂します。これはあらゆる人間間において、たとえば夫婦関係をみてもそうだとわかります。「偕老同穴」*の夫婦であっても、互いに和しながら二人は別の人格として生き死にもするのです。企業においては、組織のメンバーの種類によって、組織人格と個人人格の組み合わされ方はさまざまです。勤労者は組織人格としてよほどアブノーマルな事態がない限り、相当の長きにわたって働きたいと思っているでしょう。雇用主もそうしてもらいたいと考えて、雇用を結んだのです。株主がどうかといえば、企業にかかわっているのは主として個人人格においてです。せいぜい年に一回株主総会*に現れて経営に文句をつけるぐらいでしょう。株主は組織人格がもっとも薄いのです。バーナードは、個人人格が最も強いのは経営者であるといっています。しかし、市場教条主義が猖獗をきわめることにより、経営者の組織人格もまた解体させられていきました。つまり、しゃにむに今期の利益を上げて株価を高くし、高額のボーナスを手にし、次に「この企業

チェスター・バーナード
一八八六年生まれ。経営学者。アメリカ合衆国の電話会社の社長を務めた。組織の成立には「協働意思」「共通目的」「コミュニケーション」という三つの要素が必要であると説いた。『経営者の役割』など。

偕老同穴
共に年をとり、死んだ後は同じ墓穴に葬られること。夫婦が仲むつまじいことを意味する。

株主総会
一般的に年一回開かれる定時株主総会のほかに、臨時株主総会がある。株主は議決権を有する。

を高株価で売る」ことによりさらに高額のボーナスを手に入れるといったようなことを、経営者たちがやりはじめました。そしてその背景には、経営者も自社株を与えられて株主となる、という背景もあったのです。このようにして組織人格を発揮する者として本来のマネジェリアル・マインドが消えていきました。

これは明らかに個人主義の行きすぎです。バーナードは個人主義の国家アメリカの人間であるにもかかわらず、人間が組織人格を持っていることに注目しておりました。組織での人格と自分自身の人格に折り合いをつける、それが人間の普通の在り方だとわきまえていたのです。バーナードの経営学からみても、日本的経営はまったく大成功であったといってよいでしょう。その成功の意味を理解できずに、「日本的経営を捨ててアメリカ的経営に学べ」と宣伝したのですから、日本のエコノミストのアメリカ心酔はまさに「かぶれ」の域に達しているとしかいいようがありません。

成功という言葉の英語 succeed は「受け継ぐ」という意味です。祖先なり先輩なりの知恵をしっかりと世襲する者が成功するのです。組織は人間関係のストックです。その人間ストックの受け継ぎをしっかり果たした経営者が、そして組織が成功を享受できます。

他国の企業においても、組織経営が中心に考えられてきたのは疑いありません。その証拠に、組織論はアメリカで発達してきたのです。それは、アメリカの社会科学系の学部に、the theory of organization という学部や科目があることからもわかります。

固定した人間関係が続くと、そこに文化的価値も生まれ、社会的慣習も発生します。「うちの会社」が、culture（文化）や custom（慣習）として企業組織に定着していくのです。そんなことは、雇用契約書の形式には一行も書かれていないでしょう。しかし、非形式的なコミュニケーションを必須の手立てとして組織は動いていきます。これが人間組織と機械システムの違うところです。

いや、たとえ機械であっても、一定の「あそび」が必要です。機械が順調に動くためには、slack（たるみ）というものがなければなりません。人間組織にあってはなおさら、メンバーがつねに strain（緊張）にさらされていると、組織が柔軟性を失って折れてしまいます。ぶらぶら遊んでいるようにみえる人間も将来に大きな仕事をやるとか、組織への自己批評の役割を果たして組織文化に貢献するとか、それなりに役立っているのかもしれないのです。一人びとりの人間の精神によっても、一定のスラックがなければなりません。朝から晩まで機械の部品のように緊張や圧力のなかにいると、人格の力量が衰えてしまいます。証券トレーダー*が若くして引退するのも、そういう緊張・圧力からくるのでしょう。その後は大金をもってひたすらに退屈な時間が続くと想像すると、彼らは資本主義の犠牲者なのだと思われます。

組織には規則の体系がなければならないと同時に、その体系には自由の余裕が必要と思われます。秩序と自由のあいだのバランスが大事だということです。組織に所属する人間が、組織人格と個人人格の両面性を持つのですから、そのあいだのバランスが不可欠です。組織人格だけの経営者・勤労者しかいないということになると、そういう企業は相当に居心地が悪い、ということになるでしょう。そういう意味において組織は微妙なバランスの上にあり、そのバランスを学ぶことによって会社人は社会人となっていきます。そういうものならば企業の価値や慣習も全体社会における文化の重大な構成要素だといえるでしょう。

5　「経営者効用」の理論は妥当か

経営者の目的とは何でしょうか、イギリスのロビン・マリス*という経済学者が、

証券トレーダー
金融取引業者と投資家を仲介し、取引を行う証券会社などの社員のこと。現在は短期的取引を数多く行う個人投資家が増えており、デイトレーダーと呼ばれている。

ロビン・マリス
一九二四年生まれ。イギリスの経済学者。新古典派経済学の企業論を批判した。『経営者資本主義の経済理論』など。

「株価の最大化ではなく、経営者効用の最大化」、それが経営者の目的だとしました。企業は「株主のものか経営者のものか」と二者択一に従うのが正しい態度だとはいえません。マリスの意見は、経営者はまずおのれの企業の成長を願うものだと認めつつ、それだけでは恐竜の発想だと考え、経営者とは雇われているものだということを確認します。つまり、自分の地位が安定していなければ、企業を成長させても仕様がない。そこで、マリスは横軸に成長率を、そして縦軸に株価をとって、その平面において、上方に凸の経営可能曲線と左下方に凸の経営者効用曲線とを描くのです。そこでは、経営者の地位は株価を維持することで安泰であろう、とされています。

まず経営者効用でいうと、「地位の安定」と「成長への欲求」の組み合わせで、さまざまな水準の効用が規定されます。最初は成長率が上がると株価も上がるが、あまり成長率が高いと株価が下がりはじめる。急速に成長すると、企業の組織体に各種の混乱が起こり、それで株価が下がると予想されるからです。

結論は、経営者効用を最大にしようとすると、株価（地位）を最大値より少々抑えて、少し高めの成長（経営者欲求）をするのが合理的だ、ということになります。

ここで、マリス・モデルの当否を直接に論じようというのではありません。まず、このマリスの考え方はいかにも人工的です。所有権を持っている株主がオールマイティか、それとも経営の実権を握る経営者がイニシァティヴを握るのか、というのは企業組織をみる見方として単純すぎます。

企業はそれに参加するさまざまな構成員の「組織人格の集合体」である、と規定すべきです。その集合体が企業のパワーを握ると考えるのがよいでしょう。経営者は組織人格が比較的高いということで、組織のトップにおります。経営者が自分の効用を剥き出しにすると、他の構成員からさまざまな反発を招くことになります。何年か前の「ＴＢＳと楽天*（なる投機会社）」の統合問題は、株主と企業の闘いではなく、全社員が、新しい経営者のもとでは働きたくないという話になって、楽天が手を引いたということでした。組織人格の集まりとしての企業がfirm（安定的）でありたいという共通意思が、ＴＢＳの最終的勝利につながったのでしょう。

株主はproperty right（財産権）を私有しています。しかしそれはあくまで形式であって、その権利の実質的な利用法を左右するのは組織です。株主は組織内部の経験や情報をほとんど持っておりません。その企業の株を買ったということ

ＴＢＳと楽天
二〇〇五年、楽天はＴＢＳの株式を大量取得して筆頭株主となった。その後楽天は共同持ち株会社による経営統合を提案したが、ＴＢＳの反発にあい、取り下げた。その後も、業務提携交渉を続けてきたが、二〇〇八年一二月のＴＢＳの臨時株主総会で、認定放送持ち株会社への移行（二〇〇九年四月一日付）が決まった。これにより、楽天によるＴＢＳの経営統合は不可能となった。

と、その企業を経営できるということとは、違います。この点は強調してもしすぎるということはないでしょう。会社は株主のものだというのも、経営者のものだというのも、ともに極端な個人主義的な企業観です。さまざまな構成員の組織人格の集合体という fiction（擬制）に制約されてしか、経営者も株主もおのれの利益を追求できません。

組織のことについて無関心なエコノミストが、とんでもない言葉づかいをしていることがあります。たとえば「ステイク・ホルダー」。この言葉は最初は言葉遊びだったのでしょう。「stock」（株）と「stake」（杭）の語感・語意が似ているという話でしかなかったのです。ステイク・ホルダーは「利害関係者」と訳されていますが、その言葉づかいはほとんどクレイジーです。なぜなら、ステイクはもともと「賭け金」の意味で、だからステイク・ホルダーは「賭け金の管理人」という意味になります。会社の株主や経営者そして従業員や取引先が賭け金をかけて、誰かがそれを管理している、ということであるはずがないし、ましてや会社がその管理人のものだというのは憤飯物です。

証券バブルでおつむが破裂した人たちの言葉づかいとして、まず「企業は株主のものだ」と強調され、次に企業はステイク・ホルダーのものだという見方を

（その意味を確認しないままで）流布させたのです。アメリカかぶれのエコノミストには個人主義的な観念しかありません。holder（所有者）という言葉がその個人主義的な観念によく合ったということなのですが、ヨーロッパであれば、違ったとらえ方がされます。個人とはなにか。「裸の個人」などというものはどこにも存在しません。「社会があってこその個人」、「企業あってこその構成員」という脈略が、少なくとも企業の半面において、はっきりと存在するのです。

6　犯罪に手を染める企業

これまで、経済、市場そして企業の「生老病死」について語ってきましたが、組織が解体に向かうとき、犯罪が、とくに詐欺が、企業行動に伴いがちとなります。それは当たり前です。「組織は個人の自由を奪う」ものだという観点で、人間集団としての企業集団の内部（役割体系）や外部（社会的規制）をとらえ、その内外における規制を緩和せよと叫びはじめれば、犯罪が多発して当然です。その理由は、これまで何度か触れてきた「情報格差」の問題があるという点です。

企業の情報をいくらディスクローズ*してても、それには大きな限界があります。

企業のディスクロージャー　投資家や債権者などに対して、有価証券報告書や株主総会の議事録などを開示する制度。金融商品取引法や会社法により規律されている。

全ての情報を公開することは不可能なのであって、たとえば製品の製造法一つとっても、それは過去の技術情報の蓄積の上に成り立っている。製品の作り手自身にしてすらが総べての情報を把握しているわけではないのです。これが第一の限界です。

第二の限界として、全面的に情報が開示されているかどうか、それが事前的にはだれにもわからない、事後的にしかわからないのです。だから、裁判などで事後的に決着をつけようということになり、リーガル・アルゴリズム（legal algorism）の横行する suit society（訴訟社会）をもたらします。映画では公明正大な弁護士が登場して、かっこよく振る舞っておりますが、実際にはそんなことは稀です。弁護士はかつて「三百代言」と蔑まれておりましたが、少なくともアメリカでは弁護費用の多寡でどうにでもする手合、それが弁護士であることが多いのです。我が国でも次第にそうなりつつあります。そして司法費用がどんどん高くなっている。裁判所は、価値中立的に客観的な判断を下すような場所ではありません。人間社会の作る法律なのですから、誰が法律をどのようにつくり、誰がどのように解釈し、誰がどのように運用するか、それが問題です。法廷は一種のパワー・ゲームの場にほかなりません。訴訟に当たって、情報、金銭、人材のパワーが物をいうのです。法廷を弱肉強食の場とするのが訴訟社会だといってかまわないでしょう。

情報のディスクロージャーなどというのは「きれいごと」で終わります。現に、日本のようなマモニストが多いとは思われない社会でも、製品擬装、設計擬装、擬装会計など、さまざまな不祥事が続いているではありませんか。情報格差が、企業の関係者のあいだにあるからです。逆にいうと、情報格差が縮小するとしたら、それはあまり変化しない社会においてだ、ということになります。そういう静穏な社会では、情報格差があったとしても、同じ出来事がリピートされていくうち、情報評価が確立され、それがおおよそ等しく人びとに伝わるのです。

全く静寂な社会では刺激が足りなくて面白くないかもしれません。しかし、変化の速度が遅く、漸進的変化しか起きないような社会は人間にとって許容可能で、そういう社会社会では情報格差もさほど生まれないでしょう。急進的変化が礼賛されて、それがヴェンチャー・スピリットとしてもてはやされるようになると、情報格差とそれを利用しようとする詐欺行為が常態となります。それが発覚しても、「不当だ」と弾劾する者と「正当だ」と強弁しようとする者のあいだで、司法の弱肉強食ゲームが催されることになるのです。アメリカが現にそうなっており、日本もそれに近づいているではありませんか。

第6章　苦悶する世界経済

1　ポリティカル・エコノミーが復活した

経済においては集団が、とりわけ共同目的と役割体系が確定したものとしての組織が、重要な役割を果たします。この集団・組織には家族・企業・産業・政府・地域社会といったさまざまな種類や水準のものがあります。いずれにしても集団・組織において、権力の操作が行われ、慣習の維持がめざされ、価値の保全がはかられていることはいうまでもありません。

経済のことを含めてそうした貨幣・権力・慣習そして価値が一体化されたものをさして、かつて古代ギリシャではポリス*というふうにいわれておりました。

ポリスは現代でいえば国家にほかなりません。ここで国家というのは、英語でいうと nation-state のことです。すでに述べたように、nation とは国民のことであり、そして state とは統治機構つまり政府のことをさします。念をおしますと、古代ギリシャでは都市国家がポリスでありましたが、現代では都市および田園の集合体としての国家がポリスにほかならないということになります。

そうであればこそ、近代社会がはじまると同時に成立した経済は、それにかん

ポリス
古代ギリシャの都市国家のこと。アクロポリスという丘の頂を中心につくられた。アゴラと呼ばれる広場をもつ。城塞に囲まれ、市民の多くは郊外や田園に住んでいた。

する学問ともども、ポリティカル・エコノミーとよばれておりました。ポリティカル・エコノミーは、通常、政治経済学と訳されておりますが、ポリス（国家）のことを考えると、ポリティカル・エコノミーは「国家経済学」と訳されてしかるべきでしょう。

さらにその経済についていうと、経済というのは西周*の訳語で、経世済民の略、つまり「世を助け民を救う」ということであります。この場合の世および民というのは何をさしているのか。いうまでもなく近代社会では世も民も国民だということになります。それゆえポリティカル・エコノミーは国家経済学という訳語がふさわしいのです。

もちろん、現代においては経済は国境の枠を越えて動いております。それゆえ国際社会において何らかの普遍的な価値や規範が成立していると認めなければならないでしょう。一例を挙げますと、human right（人権）というのがそれです。人権をあけすけに踏みにじるような国家があるとすれば、そういう国家は国際社会から否応なく排除されなければならないということになりましょう。

しかし、この人権のごとき普遍的な価値が具体的に何を意味するかというのは極めて難しい問題です。

西周　一八二九年生まれ。幕末から明治の啓蒙家。大政奉還前後に、徳川慶喜の政治顧問を務める。一八九〇年、貴族院議員。

人権にかんする価値・規範を具体的に定めることのできる最大限の範囲、それが国家だということになります。国家経済学が必要なのは、いわゆる経済現象における具体的な価値・規範にかんする議論や決定が国家という範囲内で行われることが多い、ということにほかなりません。それゆえ国際社会は、国際間において異なる具体的な価値・規範がいかに衝突するか、それをいかに調整するか、という休みない過程のことだということになるわけです。

もちろん、純粋の経済現象を考えてみれば、いわゆる世界貨幣というものが考えられます。世界貨幣という普遍的なものによって、各国家の経済が具体的に律せられるという場合が考えられてきたわけです。

この世界貨幣なるものをもう少しつぶさに考えてみましょう。世界貨幣が成立するのは、現代社会でいえば世界貨幣はつい先頃までのアメリカン・ダラーでありました。つまりアメリカのドルが世界の最高の基軸通貨として機能していたわけです。さらに時代を遡れば、たとえば金や銀といった金属が世界貨幣として通用しておりました。しかしながら、そうした世界貨幣があったとしても、さまざまな商品のあいだの価格体系というものは、各国において異なっていたのです。換言すれば金・銀・銅あるいはアメリカ・ドルといったものの働き方が、国家ごとに違っていたという事実があります。

そうしますとたとえば金兌換が許されている世界であっても、実は各国の通貨のあいだの為替交換率そのものが絶え間なく変化していくということになります。これは、アメリカ・ドルの金兌換が停止された一九七一年、いわゆるニクソン・ショック後における自由変動為替相場においても、しかりであります。

このように考えてくると、実は世界を一律に秩序化するような価値・規範は、経済でいえば通貨にもとづく価格体系は、存在しないということを意味します。

そこにかならずや集団・組織の最大のものである中央政府の介在がなければならないということになるのです。今現在たとえばEU（ヨーロッパ連合）のようなかたちで国際的な統一が図られつつあるなどといわれております。しかし、それは大いなる誤解でありまして、EUというのはヨーロピアン・ナショナリズムの別名だと考えた方がよろしいでしょう。つまり、ヨーロッパがアメリカ経済やアジア経済において追い込まれていくなかで、ヨーロッパの各国家を維持・発展させるためには、ヨーロッパが全体としてまとまらなければならないというヨーロピアン・ナショナリズム、その発露としてたとえばユーロ（euro）という通貨ができたのだととらえなければなりません。だから、ドルとユーロ、さらにはそれに円や元も含まれて、為替間の甚だしい変動が生じてきもしたのです。

また、アメリカではブッシュ・ジュニアが大統領の折りに頂点に達したことですが、グローバリズムをかざして、世界経済全体に共通のスタンダード、標準が確立されるべきだと訴えておりました。その顛末がどうなったかというと、グローバル・スタンダードは実はアメリカン・スタンダードにほかならず、そしてそれが日本がアジア諸国に押し付けられたせいで、アジア各国の金融が混乱に放り込まれるという情けない成り行きとなりました。それどころか、アメリカは一方でグローバリズムをふりかざしながら、他方ではとりわけ、アフガン戦争、イラク戦争においていわゆるユニラテラリズムをふりかざすという全く倒錯した振る舞いに及びました。

ここでユニラテラリズムというのは直訳すれば「単一側面」にこだわる態度でありますが、この場合はアメリカの「単独主義」のことをさします。世界普遍主義とアメリカ単独主義が結合すれば、論理必然的に、アメリカの imperialism（帝国主義）とならざるをえません。

実際に、アメリカが世界の経済および政治にたいして押し付けようとしていたのは、この帝国主義にほかならなかったのです。当然ながらこの帝国主義にたいする強い抵抗がアフガン、イラクにおいてのみならず、ヨーロッパ、アジアの諸国から寄せられ、ブッシュ帝国主義は早々と挫折するのをやむなきに至りました。

それだけではありません。いま現在の世界の瞬間風速を考えても、実は国際経済には環境問題、資源問題、食糧問題をめぐって、新帝国主義ともいうべき国家間のせめぎ合いが非常に露骨なかたちで現われております。

要するに、資源は有限である、環境にも限界がある、食糧供給にも制約があるという事情のなかで、経済にとってそうした必須の物資をめぐっての争奪戦が展開されている。その過程で、世界に共通の価値・尺度などは、どんどんその影を薄くしているといって差し支えないのです。

一般的にいいまして、人間は時間意識のなかで生き、経済もまた未来予想というものを含んで展開されております。この未来における不確実性への期待というのは、当り前のことでありますが、世界一律とはいきません。どういう組織体・集合体として成立しているかということに依存して自国経済の未来にたいする期待が、国家間において異なるのです。

そうした国家間の相違を最終的に引き受けるのも各国家の中央政府です。政府は単に市場内部の失敗を補正しているだけではありません。各国家における市場の成立そのものが政府の行動によって支えられているとと認めるほかないのです。つまり、市場の土台や枠組みが主として政府の指導する公共活動によって保証されていなければ、市場そのものが安定的には存立も存続もしえないのです。一言でまとめれば、政府の公共活動があってこその市場活動といわなければなりません。

いまだ幸いにもワールド・ガヴァメント、世界政府などというものは存在しておりません。国家は、あくまで、各国民が歴史的に醸成するものであり、未来に向けて修正していくものです。そうである以上、経済における政府の存在というのは単に部分的な介入ではなく、経済にとってのむしろ根本条件ということになるでしょう。なぜといって、経済もまた歴史現象なのであって、国民の価値、慣習、権力と無関係でおれないからです。

その政府活動のなかには、いまの日本であれこれ騒がれている社会保障の問題も含まれます。つまり、人々が市場において活動可能な存在として市場に参加していくための条件を作る、それが社会保障の基本的な意味です。それがなければ、仮に法律で市場の設定を宣言したとしても、市場は実質上ワークしえません。そういうつながりにおいて社会保障もまた市場成立のための公共活動の一環に組み込まれるということになります。この二一世紀初頭の光景というのは政府の存在を無視する、あるいは第二義的にしかとらえない、いわゆる純粋経済学というものには死を宣告せざるをえないということを示しております。その代りに一九世紀前半までのポリティカル・エコノミー、国家経済学というものが今の状況に合う形で再生されなければならないということになりつつあります。そして、見渡す限り、日本を特殊な例外として、世界の各国家はポリティカル・エコノミーとして、国家経済として、自国の物質、金融活動を再編成しようと躍起になっているのです。

2　保護主義の意義

集団といい組織といい、それは規制の体系であり、言い換えれば秩序の制度であります。

規制・秩序というものに intervention（介入）と protection（保護）というものが必要であることはいうまでもありません。

ここで留意すべきは、保護は世間で理解されているように単に弱者救済の手立てではないということです。それが保護せんとしているものは、むしろ国家における経済の仕組みそのものです。国家もまたsociety（社会体）さらにはcommunity（共同体）に支えられてはじめて存続しうるものです。それゆえ、ソサイアティおよびコミュニティのシステムを存続させるためには、どういう保護が必要かというかたちで物事は論じられなければなりません。

そのことは、家族や企業といったごく普通の組織のことを考えてみれば一目瞭然です。家族においては夫の側からみれば妻や子どもたちの保護というのがいつも念頭に置かれております。企業においても同様でありまして、おのれの企業の会社員の生活をいかに保護するかということは、たとえ物事が成功裡に進まないとしても経営者にとって最大の課題の一つのはずです。

経済活動の基本単位においてそうであるならば、当然のことながら、国家経済の全体においても同じことがいえます。たとえば産業組織というものをいかに安定させるか、そのためにいかなる保護の体系を敷くか、そのために政府と産業がいかに協力するか、という形で国家経済は維持・発展させられてきたのです。

そのことの最も端的な例が農業保護でしょう。ヨーロッパをみればわかるように、平均で一〇〇％の食糧自給率*を保つために、ヨーロッパ各国は関税や補助金

食糧自給率
国内の食糧消費が、国内の農業生産でどの程度賄えているかを示す指標のこと。計算方法としては、重さ・カロリー・生産額の三種類がある。農林水産省では食糧自給率の向上を目指し、実践的な食育の推進や地産地消の全国展開などを行っている。

においてさまざまな施策をほどこしてきました。日本において、食糧自給率が四〇%を切っておりますが、そうであればこそ、農業保護を今後いかに強化していくかということが政党ならび国民全体の重大な関心事になりつつあります。食糧だけではありません。資源やエネルギーの供給体制において、あるいは家族や産業の体制を維持するためにも教育問題や老人問題や医療問題などをめぐってさまざまなる保護を与えなければならないということは、各国に共通の問題意識だといってさしつかえないでしょう。

こうした保護体制が市場の内部から自発的に生まれるなどとはとても期待することはできません。これに経済がかかわるとしても、それと同時に経済の枠を超えた、政治的、社会的さらには文化的な問題なのだといわなければなりません。というよりむしろ、経済の内部から政治・社会・文化の介入が求められるといった方がいいかもしれません。そのことについていくつか重要と思われる点を指摘すると、第一に経済活動というものは根本的には長期期待および長期計画、両者をまとめて長期戦略によって動かされます。とくに経済の死命を決するとまでいわれている技術開発において、長期戦略が欠かせません。

長期戦略は国家全体が長期的にどう動くかという見通しがなければ組み立てられ

はしないでしょう。この長期戦略において経済は、たとえば政治の介入なり、政治による保護を要請するということになります。少しだけ具体例を挙げれば、いまはＩＴ革命の時代だといわれておりますが、その革命とやらの背骨をなすさまざまな情報技術の革新は、アメリカ合衆国国防総省*が統括する組織による研究を先祖として生まれてきたものです。つまり、国家の保護がなければ企業・産業の長期的な技術開発の見通しが成り立たないというのが世界の趨勢とみえます。いまはＩＴに活路を見出そうとしているフィンランドにせよアイルランドにせよべルギーにせよ、すべて政府の補助と指導のもとに展開されているということを確認しておくべきでしょう。

二つに、すでに述べたことですが、個別組織におけるメンバー、成員は多少とも保護されなければなりません。それを端的に表していたのが日本的経営というものであります。

日本的経営は一般的に三種の神器によって表わされてきました。終身雇用*・年功序列制賃金*・企業内組合*が日本の経済における集団運営方法の基本的スタイルだったのです。

もちろん、それをがんじがらめのものととらえれば、それは企業組織を硬直化

アメリカ合衆国国防総省
建物が五角形であることから、ペンタゴンといわれる。陸軍、海軍、空軍、海兵隊を統括する。所在地はバージニア州アーリントン市。敷地面積約二三六万平方メートル。

終身雇用
学校卒業後に就職した会社において、解雇されずに定年まで働くこと。

年功序列制賃金
勤続年数や年齢を重ねるにしたがって、役職や賃金が上がる人事制度のこと。

企業内組合
企業または事業所ごとに組織される組合。欧米では、企業の枠を越えて、同一産業の労働者で組織される産業別組合が主流。

させるという意味で有害です。しかし、状況に応じた形で、勤労者の生涯にわたる活動を補助する、あるいはその勤労、経験に応じて俸給支払いを増やしていくことも、さらには長期雇用をされている勤労者のあいだにおける共有感情を確認すべく企業内組合を奨励するというのも、一般的にいって世界各国の経済においても妥当する、企業運営方法だといわなければなりません。

そうならば、それを維持するために、さまざまな政府の助成があってしかるべきで、そこでも規制・介入、つまり保護の必要を経済それ自身が要求している、とみるべきなのです。

第三に、先ほどの長期戦略の問題と関係してきますが、自国の市場経済が長期的にどう動いていくかということはその国家の国家理念がどういうものであるか、さらには国策体系がどういうものになっているかということに強く依存しております。

一例を挙げれば、私は推奨しませんが、ＩＴ革命に活路を見出すという国策体系があってはじめて各企業がＩＴ活動に精を出すことができる、そういう方向で長期戦略を組み立てることが可能となる、という次第であります。そうならば、国家理念・国策体系をいかに組み立てるかということが経済にたいする保護として打ち立てられてしかるべきだ、という筋道にならざるをえません。

第四に、より市場に密着して事を論じてみれば、いわゆる市場活力なるものがいかにして生まれてくるかということが問われなければならず、そして市場活動は政府の保護活動と密接に繋がっているということを認めるほかないのです。

実はエコノミストはこの市場活力について、無知であるにもかかわらず、自由競争の場を拡げれば市場活動が旺盛になるというデマゴギーを振りまいてきました。考えてもみましょう。自由競争に直面して自分がほぼかならず敗北する運命にあると察知する者に市場活力が高まるはずがありません。身近な例をとっても、受験競争に参加して必ず落第すると見込まれる人間がその競争場裡から早々と落伍していくのです。

経済学が知っているのは市場の incentive*（誘因）という要因だけです。たとえば所得減税をしてやれば消費者の購買意欲を刺激する誘因となる、これは確かです。また、たとえば金利を下げてやれば、投資資金コストが下がりますので、それが投資にたいする誘因となることも事実であります。しかしながら、肝心要の消費活力、投資活力があるかどうか、高まるか低まるかは市場によって決定されるものではありません。確かに、その opportunity（機会）が開かれていなければ

インセンティブ
　誘因、動機づけのこと。企業内のインセンティブとしては、追加的な金銭報酬などを設けて、社員の目標達成を促す例などがある。

ば、活力の湧きようもありません。しかし、仮に機会があったとしても、それに挑戦する条件がなければ家庭といい企業といい、市場活力は増さないのです。市場活力を左右するのは、またしても市場を取り囲む公共的条件がどのように変わっていくかということについての長期期待であります。

具体的にいってみましょう。資源・エネルギーの供給にかんして国家が強力な施策を展開しようとしているということがあれば、その面に不安を抱かずに市場活力が強まることも可能です。つまり、市場の土台がどれほど強固なものであるか、あるいは市場の枠組みがどれほど堅実なものであるかという見通し、それが市場活力を左右するでしょう。市場活力は政府の統治力と無縁ではおれないのです。

この点に注目していうと、いま復活すべきとされているケインズ経済学はまったく不十分な代物であります。ケインズが唱えたのは既存の市場機構に機能障害が起こったときにそれを政府がいかに修正、補正するかという、端的にいえば景気対策としてであります。ここでいっているのはそういう短期的、部分的施策のことではありません。市場の土台・枠組みにかんする長期的な国家の保護、それが今後の経済に求められるということです。

いうまでもないことでしょうが、各国家における経済にたいする保護活動は、当然、国際社会におけるエコノミック・コンフリクト、経済摩擦を強めるに違いありません。国際経済においては国内経済よりも一層露骨な形で政治の権力が介在し、それに伴って各国家間における慣習体系の相違や、あるいは価値体系の違いというものが摩擦の原因となっていきます。国際経済摩擦*はただちに国際社会の政治および文化の相克だといって過言ではありません。実際に、国際経済はそのような形で動いております。

一例として、中国経済のことを取り上げてみましょう。中国は、明らかに長期的な国策として、資源供給や販路拡大に乗り出しています。しかも、それには東シナ海からインド洋にわたって中国海軍の基地を次々と建立していくという軍事戦略を伴っているのです。ロシアにおいてもしかりといえましょう。プーチン・メドヴェージェフ*体制がロシア経済のためにいかに政治外交および軍事戦略を展開しているか、これは誰しもが承知のことです。

ポリティカル・エコノミーはただちにインターナショナル・ポリティクス、国際政治と結びついています。その意味においても、まさしく経済問題は政治問題であり、そして国家問題でもあるといわなければなりません。

国際経済摩擦
日本と外国との間で起こった経済摩擦としては、アメリカ合衆国への輸出増大による日米自動車摩擦がある。また、アメリカ合衆国と中国のあいだでも繊維製品や知的財産権の侵害といった経済摩擦が発生している。

ドミートリー・メドヴェージェフ
一九六五年生まれ。ロシア連邦の第三代大統領。第一副首相を経て、二〇〇八年、第二代大統領であるウラジーミル・プーチンの後継指名を受けて大統領に就任。メドヴェージェフはプーチンを首相に指名した。

国家の在り方というものはその国の歴史にもとづいています。そして歴史はその国柄を定めます。それで、国内および国際における経済摩擦の調整はその国の国柄によって差配されるということになるのです。

このことを一般的にいえば、近代における理想的な価値である自由・平等・博愛・合理とその現実的価値である秩序・格差・競合・懐疑のあいだの平衡は、一つに各国の国柄にもとづいて平衡させられ、二つに各国の直面する状況に応じて平衡させられるということになります。その平衡状態を、第2章でも触れたように「活力・公正・節度・良識」とよぶならば、この国民的な平衡感覚は国家ごとに異なると認めるほかないのです。

各国の経済のあり方も実は国民の平衡感覚にもとづいて決められます。そして、その平衡感覚の回復・維持・発展のためには、どうしても政府による保護が必要なのです。過剰な保護が国家を硬直化させることは認めなければなりますまいが、同時に保護の過小は国家を解体させるというのも真実なのだと認めなければなりますまい。

3　ブロック「イズム」の甦り

ＥＵは東ヨーロッパ諸国を包摂するのみならず、いまや異なった宗教圏にあるトルコをも巻き込もうとしています。要するにヨーロッパ方面に大きな経済ブロックが形成されつつあるのです。また、アメリカではいわゆるＮＡＦＴＡ*（北米自由貿易協定）にカナダやメキシコを包み込んで北米大陸ブロックが形作られております。それは、大きな反発を招きつつも、南米諸国にまで枝葉を伸ばそうとしているのです。

アジアにおいては、いわゆる東アジア共同体*なる構想が、実現されてはおりませんが、しきりに議論されつづけてきました。それは東アジアにとどまらず、東南アジアや西アジア（インド・中近東）をも包むべきではないかという方向に広げられてもいます。こうした動きを促進するものとして、アメリカ・ドルが世界のキーカレンシー（基軸通貨）であることをやめつつあるという現実があります。各経済ブロックは、おのれのキーカレンシーをいかにして作りだすかということに努力を注ぎつつあるのです。

ＮＡＦＴＡ
　North America Free Trade Agreement の略。アメリカ・カナダ・メキシコの三ヶ国による経済協定。関税の引き下げ・撤廃、金融・投資の自由化などに取り組む。一九九二年調印、九四年発効。

東アジア共同体
　民主党の鳩山由紀夫首相は、この共同体構想について、二〇〇九年九月、就任後初の記者会見で「米国を除外するつもりはない。むしろ、その先にアジア太平洋共同体を構想すべきだ」と語った。

こうした動きをみると一九三〇年代のいわゆるブロック経済が思い出されてなりません。

ただし、この八〇年近く前のブロックはあくまで「閉鎖圏」でありました。つまり、イギリス系のスターリング（sterling）・ブロックからアメリカのドル・ブロック、ドイツのマルク・ブロック、日本の円・ブロックがそれぞれに閉鎖圏を形成していったのが三〇～四〇年にかけての経済であったのです。

いまのブロック化は正確にはセミブロックといわれるべきものでありましょう。閉鎖圏ではなく「半開半閉のブロック」だということです。といいますのも、閉鎖ブロックの世界経済はおろか、各国の経済に与える打撃は致命的なものであると歴史の経験が教えてくれているからです。国際経済はブロック化へ縮退することはありえないでしょう。しかし同時にセミブロックというかたちで、一定のcluster（群れ）を構成して、地域の連合体を形づくらなければ、それぞれの国家経済が著しく不安定になってしまうというのもまた、二〇世紀後半から二一世紀初頭にかけての現実でありました。

問題はどういう条件によってこのクラスターあるいはセミブロックが支えられるかということです。これについて明確な定式はありえないでしょう。しかし、根本的なことははっきりしております。宗教や言語においておおよそ共通の基盤を有していること、少なくともそうした文化面における相互理解が可能となっている、それがセミブロック形成の根本条件だとみてさしつかえありません。これは国際社会における society（社会体）さらには community（共同体）への動きがいかなる場合に可能かということです。国家間の経済取引・政治折衝・社会交際および文化交流が歴史的に積み重ねられてきた地域においてセミブロックが可能になる、とみてよいでしょう。世界経済は着々と、といっても日本を特殊な例外として、この方向に向かっております。一口に世界経済といいますが、世界経済を秩序化する機関はありません。UN（国連）がそうだといわれておりますが、それはまったくの誤解です。国連は各国家間のパワー・ポリティックスがせめぎ合う場所、あるいはいわゆる安保理*に席を並べるスーパーパワーが互いに葛藤しあう場所であるにすぎません。国連はけっして世界を統一的に秩序化することはできないのです。そうであれば、歴史の経緯にもとづきながら、世界の各地域にセミブロックが形成されていくということにならざるをえません。

一般論として、世界が monopole（一極）によって秩序化されるか、それとも六五億の個人を主体として世界秩序が形成されるか、などという両極端な議論は

安全保障理事会
常任理事国五ヶ国（アメリカ合衆国、イギリス、フランス、ロシア、中国）と非常任理事国一〇ヶ国から構成される。議決には理事国九ヶ国の賛成が必要だが、常任理事国は拒否権を有する。

やめなければなりません。

現代の世界における二〇〇ばかりの国家というのが最適数であるのかどうかは、判然と至しません。いずれにしても、一五〇か二〇〇か二五〇かといった有限個の経済主体が国際経済の構成単位だとみなければならないのです。そして、その有限個のものが四つか五つか六つかも判然と致しませんが、ごく限られた数のセミブロックへとまとまらなければ、国際経済の秩序化が覚束ない、それが今の世界経済像です。そのことは同時に、いくつかのセミブロックのあいだの調整が極めて重要になるということです。この調整過程は、一方では hegemony（覇権）争いの過程であり、他方では cooperation（協調）の過程であります。換言すると、パワーとルールの両面性を持つのが国際経済の調整だということになります。これはルールの具体化ということに直接に関係しているのです。さまざまなセミブロックのあいだにルールを抽象的に規定することは可能でしょう。しかし、そのルールの形成においても、一度定まったルールの解釈に、さらにはそのルールの実際的な適用において、各セミブロックおよび各国家の恣意が、つまり各国家の国益主張が介入してくるのは当然のことです。

ルールの具体化は、国家および国家連合のパワーなしには進まないといってもかまいません。それは弱い形にせよ帝国主義的な動きだとよんでもよいのです。それゆえ、核兵器をはじめとする軍事力が、その擬似帝国主義に強くかかわってくるとも予想されます。ここで日本の核武装について論じるつもりはありませんが、軍事力と経済力の密接不可分ということを、好むと好まざるとにかかわらず、認めざるをえない、それが歴史の現段階ということなのです。

その一例を示せば、米中間に進められつつある appeasement policy（宥和政策）ポリシーがそれです。アメリカのヒラリー・クリントン*国務大臣も「アメリカにとって中国がもっとも重要な国である」と明言しております。中国側もその発言を受け入れております。わが日本は戦後六四年にわたって、日米同盟なるものにすがりついてきたわけですが、肝心のアメリカが日本の仮想敵国となるかもしれない中国に手を差し伸べているのです。

それは中国にすでに巨額のアメリカ資本の投資がされており、また米中貿易が巨額の水準に達しているということからくる当然の帰結でもあります。いずれにしましても、我が国は米中に挟撃される傾きに入っております。それは国際経済においてパワーがどれほど大きくものをいうかということの一つあからさまな例だといっていいでしょう。

*ヒラリー・クリントン　一九四七年生まれ。アメリカ合衆国国務長官。二〇〇八年、現在のアメリカ合衆国大統領であるバラク・オバマと民主党の大統領予備選挙を争った。第四二代アメリカ合衆国大統領のビル・クリントンは夫。

一九八〇年代までの我が国には、韓国および台湾とセミブロックを形成しようとする理念があったように見受けられます。しかし、それは中国経済の異常な量的発展の過程で吹き飛ばされてしまいました。それもそのはず、台湾はすでに中国経済に抱きかかえられたといって少しも過言ではありません。

こうした国際政治と絡まった国際経済の動きのなかでいわゆる「小日本主義」を唱えることに意義があるでしょうか。小日本主義とは過ぐる大東亜戦争の直前に、石橋湛山氏*が唱えた国家像であります。つまりアジアへの軍事進出をやめろ、アメリカをはじめとする西欧諸列強を刺激するのもやめよう、自由貿易の方向に活路を見出せ、という日本への指針でありました。

しかし、その当時においてさえ、この小日本主義は謬説であったとしか思われません。というのも、世界経済における自由主義がすでに破綻していたからです。日本帝国のかつてのやり方を肯定するわけではありませんが、「自由主義にもとづく小日本」というのは空論にすぎなかったと考えられます。

疑似のものとはいえ帝国主義の動きは、大変に危険なものです。一歩間違えば、軍事行動をも含む国家対立をもたらしかねないからです。しかし、そうであればこそ、疑似帝国主義を巧みに操縦するための文明の知恵とでもいうべきものを各

石橋湛山　一八八四年生まれ。東洋経済新報社社長を経て、第一次吉田内閣で大蔵大臣、第一次鳩山内閣で通産大臣に就任。その後、第五五代内閣総理大臣。退陣後の一九五九年、訪中し、周恩来首相と会談。

国家が持たなければなりません。我が国も遅ればせながら、そうした知恵を発掘・定着・増大させていかなければならないでしょう。

虚構の日米同盟なるものにすがりついている場合ではないということです。いわゆる旧冷戦構造はとうに二〇年も前に終結しております。アメリカ文明という（個人主義の方向での）左翼実験国家に追随していくのが保守の政治姿勢であるという迷妄から一刻も早く抜け出さなければなりません。そんなのは、旧ソ連という（集団主義の方向での）左翼実践国家に同調するのと大差ない、近代主義の誤謬というものです。

したがって、ロシアや中国をはじめとする反米もしくは非米の勢力との宥和をはかるという政治路線も排されてしかるべきでしょう。小日本主義のことをいうのならば、日本が「独立と自尊」の構えをもって国際政治のただなかに乗り出していく、その強い姿勢がなければ日本経済もまた転覆のやむなきに至ると見通すしかありません。

4 「国際」と「域際」が国家の輪郭を決める

経済が国家なしには成立も存続もしえないからには、国家とは何かについて見解を打ち固めておかなくてはなりません。よく国家主義と国際主義は対立するものととらえられますが、それは全くの誤解であります。

ネーション・ステート（国家）の外面はかならずや international relation（国際関係）であります。国際関係を抜きにしては国家の成立は考えられません。また、その国家の内面をみれば、それはもちろん interregional relation（域際関係）です。つまり日本についていえば北海道、東北にはじまり関東、関西を経て、九州、沖縄といったさまざまな region（地域）のかかわり方が国家の内面を構成しているのです。

ナツィオは「誕生」の地ということであり、同じようにしてパトリとは「父祖」の地ということであります。いずれにいたしましても、大多数の人間は自己および自己の先祖の誕生の地にたいして、強い愛着を持つものです。反発を示すとしても、故郷のことが深く気掛かりだという意味で、パトリオティズムやナショナリズムがつらぬかれているのです。

人間の感情の根本に、好むと好まざるとにかかわらず、故郷感覚というものがあり、そして人間のいかなる理性もこの根本感情を前提にして組み立てられます。それゆえ国家意識は、それを愛するにせよ嫌うにせよ、人間精神の根源に横たわっているといわなければなりません。ただし、国家意識のことをいうからといって、いわゆる人種の純潔主義とは縁もゆかりもないのです。ほとんどあらゆる民族が、当然日本人も含めて、hybrid（混血）です。むしろ、この hybridity（雑種性）こそが国民精神に活力をもたらすといったほうがよいでしょう。

民族といい国民といい、それ自身の内部において「hegemony（覇権）と cooperation（協調）」を含んでおります。この覇権と協調のあいだの社会的力学がもたらしたものとして、国内各地域の regionalness（地域性）がもたらされ、他方で他の諸地域との interregionalness（域際性）が生み出されるというふうに地域を二面的にとらえておかなければなりません。そういうことならば、国内について、「集権か分権か」という二者択一を問うことほど愚かな所業はないとわかります。

近年の我が国で、地域主権などが喧伝されておりますが、途方もない空騒ぎだとしかいいようがありません。地域は域際関係あってこその存在であります。そして、さまざまな域際関係に何らか統一した秩序を与えるのは中央政府の集権的な政策によってです。地域は一方でdecentralization（分権）を要求し、他方でcentralization（集権）を必要とするという二面性から離れられないのです。

それなのに、分権制の一面だけを強調して、挙句に、地域「主権」をいうのは論外です。主権とは崇高で絶対で無制限の権利のことをさします。もし、地域主権をいうのならば、地域ごとに軍事・外交の財政、社会保障もすべて地域が自力でまかなわなければなりません。なかば冗談でいえば、地域主権をいうからには隣の主権地域との戦争の可能性をすら考慮に入れておかなければならないはずだということになります。

ともかく地域主権という偽りのテーゼは、戦後六四年続いた日本国家解体の過程の産物といえましょう。

確かに、地域には一定のautonomy（自律性あるいは自給自足）がなければなりません。つまり、地域は、地方とは異なって、一個の包括的な制度なのでありまして、経済・政治・社会・文化のすべてが有機的に支え合って、ある程度まで自立しうるものでなければなりません。それを重要とみなすのが保守思想の真骨頂でもあります。

つまり、慣習の体系そして伝統の精神というものが何ほどかの実質をもって語られうるためには、それらは安定した地域色を持つということでなければならないでしょう。

たとえば、イギリスにせよフランスにせよイタリアにせよ、そこに保守的な気運が保たれていると多くの人々が感じるのは、地域の自立性が少なくともアメリカや日本と比べて顕著に残っているからだと思われます。つまり、保守が保守すべき実体とは文化の地域性のことにほかならないのです。

しかし、その自立性は一定限度のものにとどまるしかありません。great society（大きな社会）とは域際関係が相当に流動的になるということを意味しているからです。人材や物資にかんする域際間の移入・移出の度合が高まるということです。その高まりをどの程度に制御するかは中央政府の仕事だということになります。

国際関係に目を転じれば、前節で述べたように、少なくともセミブロックの枠内においては国際性が高まるとみるしかありません。その高まりにつれて、国際的葛藤が強まることはすでに述べたとおりです。域際関係と国際関係の両方にたいして、一定の輪郭を与えるのは国家だとみておく必要があります。

この輪郭が確固不動のものであるはずがないのも確かです。きわめて流動的な動きを示すのが近代における域際関係および国際関係です。その揺れ動きに輪郭を与えるものとしての国家の像もまた微妙に揺れ動くに違いありません。それをさして、ホセ・オルテガという哲学者は「skin（皮膚）としての国家」とよんだのでした。つまり、皮膚は体内の無数の細胞に全体としてのまとまりを与えつつ、身体の内部と外部のあいだの相互作用を（呼吸や排出を通じて）つかさどっております。まとまりを持ちながらも伸縮性に富んだもの、それが皮膚です。それに似て、国民をまとめつつ、内部においても外部においてもダイナミックな活動を許すもの、それが国家です。つまり、内部における統一と外部との相互連絡をともに何とか保障せんとするのが国家の活動となります。

この国家のあり方に governance（統治）を与えるのが govornment（政府）です。

いわゆる自国中心主義あるいは排外主義との区別を明らかにするためには、主権国家という言い方にも注意が必要です。国家の権力はけっして無制限ではありません。域際関係および国際関係の過去の経緯が、またそれらについての未来の期待が、国家の活動を制限します。そういうことをわきまえた上での国家主義ならば、それはむしろ国民が持つべき常識の一つだといえましょう。今後の日本国家も、その方向に進むしかないと思われます。

5　ナショナリズムとステイティズムの相克

国家はネーション・ステートの謂だとすでに述べました。一六四八年のウエストファリア条約の後、ネーション・ステートとして国境を定める以外にヨーロッパの秩序はありえない、という判断が下されたわけです。

そのことをさして、ネーション・ステートは偶然の産物に過ぎないなどという者がたくさんいます。しかし、その見解は間違っております。ネーション・ステートはヨーロッパの数千年の歴史が帰結した当然の結末とみるのが妥当でしょう。つまり、民族・国家をせつぜんと区別することは困難でしょうが、近似的にその境界を見定めて、それをもって国家とする以外に人類の歴史は国際秩序の基軸を見出せなかったと考えてよいのです。

国家は「乗り越え不能」とみるべきです。人間はおのれのナショナリティ（国民性）を見失ってしまったら、みずからの本性である言語活動が全くの空虚と化してしまうでしょう。つまり、言語が単なる記号に縮退してしまいます。

ネーション（国家）といいステイト（政府）といい、過剰におよべば凶器と化しかねないものではありあります。つまり国民主義の過剰は排外主義となり、政府（統治）主義の過剰は全体主義に堕ちていくでしょう。しかし、同時に認めなければならないのは、国民主義および統治主義の過小はまず国家解体をもたらし、ナショナル・ピープル（国民）を単なるピープル（人民）に転落させてしまい、人民は世界を漂流するのをやむなきに至るということです。

だから、第一に必要なのは国民と政府のあいだの平衡だといわなければなりません。成熟せる国民ならばその国民の歴史的良識としての「輿論」にもとづいて選出される representative（代表者）は、その平衡を率先するでしょう。しかしながら、近現代の変化してゆく社会は、急進的変化を歓迎した結果として、国民の世論《せろん》を膨満させ、国民の輿論《よろん》を破壊しつづけました。

もし、ステイショナリー（変化の乏しい定常状態）、グラデュアル（変化の漸進的）あるいはステディ（変化の一定した）社会であったのならば、国民の歴史的常識としての輿論が保持されえたでしょう。しかし、改革主義や革命主義の蔓延により、変化しゆく社会では、国民主義も統治主義もそれぞれ過大もしくは過小になることが頻りなのです。しかし、世界各国は日本を例外として、この急進的変化の過程にたいして歯止めを利かせようとしております。たとえば、ヨーロッパでは「responsible state（責任ある政府）のことがいわれております。国家のinfrastructure（下部構造*）およびsuperstructure（上部構造*つまり国家の進む方向についての指示）に何らか一定の方向を見出すのが政府の責任だという点から強調されつつあるということです。

約めていえば、国家理念を国策体系として安定したものにすべく、政府が進んで国民を説得し、勇気をもって決断を下すのは政府の責任だというのです。確かに、そのとおりでありましょう。国民精神は断じて安定したものではありません。私心と公心が衝突を起こしたり、集（団）心と個（人）心とが矛盾を起こしているのが国民精神です。それを安定化させるべく、政府が国民精神に土台を与え、かつその方向性を示唆する必要が強くなっているのです。

よくcivilianを民間のことと間違えますが、civicとは「公民的」ということです。公民とは「国家に保護してもらう代わりに、国家の命令に従う」ことを意味します。国民が公民になるためには、国家としての価値・規範を国民の前に示す

上部構造・下部構造
カール・マルクスが『経済学批判』で指摘した概念。下部構造（社会の経済のしくみ）に、上部構造（法律や政治、宗教、文化など）が規定される一方、反作用を及ぼすとされる。

必要がどうしてもあるのです。その仕事に責任を持つのが「責任ある政府」ということでありましょう。

国際社会のなかで落伍しないためには、日本国家にも国民精神のインフラとスープラを指し示す義務があるといわなければなりません。そうであってはじめて、日本経済にも活路が開かれようというものです。

6　公共活動が市場の「基礎と方向」を打ち固める

「責任ある政府」の具体的な仕事はＰＡＰ（Public Action Program：公共活動計画）を立案・実行することです。ＰＡＰがなければ、すでに述べたように市場活力を保障することができません。

そして、市場はＰＡＰを自発的に組み立てることができないのです。「活力・公正・節度・良識」が市場の枠組みと機能を固めるのですが、それは政府の率先すべき仕事であることに疑いはありません。

公共活動計画は「地域において」その規模や立地や段取りが定められていてはじめて具体的なものになります。また、その活動は、公共的なことであるからして、当然ですが「官民協調」のもとに進められます。

政府官僚がその計画のすべてを取りしきることの弊害は明瞭ですので、民間の参加を是非とも仰がなければなりません。しかし、役人がイニシアティヴを発揮しなければ、官民協調は進まないのはいうまでもありません。なぜなら、公共的な時空に配慮する、それが役人の責務だからです。

ＰＡＰの姿を少々具体的に示せば、次の四分野に分けられるでしょう。

第一に、技術的（経済的）な方向のインフラについてでありますが、もっとも大事なＰＡＰは「資源・エネルギー」の供給体制を確立することです。そして、そのスープラにかんしては「通貨・信用」の供給体制を準備することです。

第二に、その慣習的（社会的）な方向のインフラについていえば「家族・環境」を整備することであり、そのスープラとしては「都市・田園」を充実させることです。

第三に、価値的（文化的）な方向のインフラについていうと「学校・教育」を安定させることであり、そのスープラとしては「研究・開発」を促進することです。

最後に、権力的（政治的）なインフラとしては「国家理念・国家体制」の樹立であり、そのスープラとしては政治家の「説得力と決断力」としてのリーダーシップ（指導力）を養成することです。

以上の課題をさらに具体化するのはここでは省きますが、それらの具体化にあって、先に述べた「地域における官民協調の公共活動計画」とならざるをえないことは誰しも認めるところでしょう。

もちろん、そのPAPに財政的な裏づけがなければなりません。その裏づけのために、おそらく公債の増発も必要でありましょう。

ただし、このPAPをめぐる公債発行については「子孫につけを残す」ことなどは、さして心配するにあたりません。なぜなら、公共活動計画のために発行される公債は、子孫の便益となるはずのものだからです。その子孫が享受する便益のために、その負担を担うのは当り前のこととみなしてよいのです。

また、PFI*（Private Finance Initiative：公共金融政策）が最大限に重んじられなければなりません。PFIの本質は民間資金を外国の投機的な金融市場に投資するのではなくて、国内の公共活動に還流させるということであります。それは、おそらくローリスク・ローリターン（低危険・低収益）の投資になるでしょう。

しかし、外国市場におけるハイリスク・ハイリターン（高危険・高収益）の金融

PFI　民間の資金や経営手法を活用した社会資本整備のこと。一九九〇年代にイギリスで始まった。

よりもＰＦＩを選ぶのが成熟した国民の経済活動だ、とみるのが成熟した国民の未来観でなければなりません。

いずれにせよ、「国家の経済」がめざされるべき当のものです。国家が問題の焦点であるからには、「共同体と社会体」という近代が破壊し動揺させてきた人間の社会関係、それを気の遠くなるような時間をかけて再興していかなければなりません。そのために確かな一歩を印すのが平成の時代に生きている者たちの責務ということになるでしょう。そのことを確認させていただくのが老人たる私めの責務であるという自覚から、経済知の進むべき方向について、語ってみた次第です。

それにしても、年甲斐もなく語りつづけたものですね。聞くほうもお疲れでしたでしょうが、私もへとへとです。最後に、私は「日本の経済」には実は何の不平不満もないのだ、と告白しておきましょう。どんな誤謬も経済活動や経済政策の現場にいる人々が、万やむをえない成り行きとしてやったことですから、私ごときの一介の知識人があれこれ申すのは高見の見物というやつで、今さらそんな不平不満を述べ立てる気は私にはありません。それに、私の声が現場に届くなどという能天気はとうの昔に振り払ってもおります。ただ、知識人の端くれとして、あまたのエコノミストの無思想と無責任について一言申し立てておかなければ知識人の名折れだ、という気持ちを私はまだ抱き続けているのです。「ほとんどあらゆる判断と予測において間違っていた」エコノミストが、なぜ、恥も外聞もなく発言しつづけているのでしょう。それを間違いとみる能力が世論にないからです。いえ、その間違いは徐々に確認されつつあるのですが、どんなばかをやっても焚書坑儒されないのが今の知識人です。私がここで一気呵成に喋ってみたのは、焚書坑儒の真似事をしてみたかったからにほかなりません。

ミネルヴァ書房の水野安奈さんには、本書の作成過程で一方ならぬ御世話を受けました。心から御礼申し上げます。

平成二一年十一月

西部　邁

索　引

英文

AGIL　166
cash nexus　74
CDS（Credit Default Swap）　50
changing society（変化する社会）　127, 190
childish thing　28, 29
consummation　178
enterprise（企業）　109, 110
EU（ヨーロッパ連合）　33, 81, 244, 257
G5　20
G8　10, 29
going concern（継続的事業体）　70, 110, 201, 217, 220
great society（大きな社会）　126, 146, 267
HO（human organization）　47, 54, 62, 66, 89, 131, 165, 192, 217-219
IMF　23
incentive（誘因）　253
intervention（介入）と protection（保護）　248
IT（information technology）　42, 43, 47, 54, 89, 131
　──革命　41, 46, 251
juno（ユーノ）　143
just price（適正価格）　176
KGB　135
legal algorism　236
M&A（merger and absorption）　226
NAFTA（北米自由貿易協定）　257
nation-state　80, 81, 83, 241, 264, 269
natural price（自然価格）　115
OJK（on the job knowledge）153
OJT（on the job training）　153
PAP（Public Action Program：公共活動計画）272, 273
PFI（Private Finance Initiative：公共金融政策）　274, 275
specialist（専門人）　205, 206
state capitalism（政府の主導する資本主義）　225
TBS と楽天　233

ア行

アイザイヤ・バーリン　51, 162
悪平等　93, 94
アダム・スミス　115
アテネ神　5
アドルフ・ヒットラー　168
アフガン戦争　24, 245, 246
アブラハム・マズロー　154, 157
安倍晋三　69
アメリカ合衆国憲法　91
アメリカ合衆国国防総省　251
アメリカ同時多発テロ事件　24
アメリカ独立戦争　91
アメリカ南北戦争　75
アメリカニズム　22, 23, 30, 99, 196
アメリカの社会主義化　11, 17, 59, 134
アメリカン・キャピタリズム　27, 45
アメリカン・スタンダード　68, 245
アメリカン・デモクラシー　27, 97
アメリカン・ドリーム　48
アメリカン・フリーダム　27, 97
アメリカン・ヘゲモニー　18, 19, 22
アメリカン・マーケット・ファンダメンタリズム　27
あらかじめの規定　196

アルフレッド・マーシャル　172, 173
アレクシス・ド・トクヴィル　205
アンシャン・レジーム（旧体制）　70, 195
安全保障理事会　259
アンドリュウ・ジャクソン　55
アントレプレナー（entrepreneur）　109, 110, 176
飯田経夫　20
石橋湛山　262
イスラム金融　115
イスラム原理主義　31
一国社会主義　77
意図せざる知恵（unintended wisdom）　146
イノベーション（innovation）　196, 198, 201
イマヌエル・カント　15
イメージ特性　187, 213
イラク戦争　24, 70, 72, 245, 246
ヴィクトリア朝　123
ヴィルヘルム・ディルタイ　42
ウエストファリア条約　81, 269
ヴェンチャー・スピリット　190, 191, 237
失われた一〇年　22
宇野弘蔵　130, 170, 171
ウラジーミル・プーチン　15, 135
ウラジーミル・レーニン　98
ウルトラ・モダニズム　184
易姓革命　194
エドムント・フッサール　42
エドモンド・バーク　196
エドワード朝　123
円・ブロック　258
大きな政府　27, 60
小沢一郎　72, 73
温家宝　11

カ行

カール・マルクス　7, 17, 18, 39, 45, 98, 117, 118, 151, 160, 170, 176
カール・ヤスパース　203
改革勢力　67
懐疑主義　128
偕老同穴　228
価格については faireness（公正）が必要である　115
価格破壊　175
核家族（nuclear family）　211
確信の危機（crisis of confidence）　123, 203
革命がその子らを食む　162
家計　212
寡占　226
価値合理性　167
活力・公正・節度・良識　91, 256, 272
株価　200, 201
下部構造（infrastructure）　136, 271, 272
株主　226
　――総会　228
貨幣国定説　144
鎌倉の仏教運動　80
カリスマ　168
　――的支配　167
カルチェ・ラタン　184, 185
カルデジアン　113
為替レート　147
慣習　116, 117, 123, 174, 175, 201, 230, 241, 267
完全競争（perfect competition）　104, 107
完全情報　104
官民協調　273, 274
ギヴ・アンド・テイク　173, 183
機会の平等（equal opportunity）　93, 160, 161
危機管理　165, 167, 168

企業内組合　251
企業のディスクロージャー　235, 237
規制緩和　63, 66, 68
規模の経済（scale economy）　131, 133, 134, 221, 222, 225
供給寡占（oligopsony）　106
供給独占（monopoly）　106
教条主義（doctrinairism）　30, 31
競争の成立条件　103
共同体（community）　249, 259, 275
京都議定書　35
教養と財産をもたない人々　205
緊急経済安定化法　10
近代革命思想　195, 196, 198
近代経済学　38, 40, 45, 119, 151, 172
近代主義　14, 16, 18, 91, 98, 263
近代そのものの危機　14
金メッキ時代（gilded age）75
金融工学（financial technology）46
金融派生商品（derivatives）　44, 49, 51, 222
クラブ　224
グローバリズム　38, 83, 245
グローバリゼーション　34, 35
グローバル・スタンダード　35, 36
経営者効用の最大化　232
景気対策　76, 254
経済知　7, 8
経世済民　180, 242
啓蒙主義　14, 97
ケインジアン・ケース　121, 123
ケインジアン・スペシャル・ケース　122
ケインジアン・ポリシー　76
ケインズ経済学　254
ケインズの「投資論」 122
ケインズ問題　127
ゲーム理論　166, 167
ゲオルグ・クナップ　144
結果の平等（equal result）93, 161
ケネス・ガルブレイズ　141, 215, 216
ケネス・ボールディング　187
限界効率逓減　121
限界の哲学者　15
言語的動物　165
建築基準の設計偽造　47, 136
小泉純一郎　24, 30, 53
公共イメージ　138-140, 213
公共財（public goods）　21, 131-133, 216, 224, 225
公共性（publicness）139-141, 211, 214
黄砂　35
孔子　198
公正価格　114, 176
公正観念　117, 120
公正賃金　176, 177
高度経済成長　20
効用　157-159, 164
合理性の限界　95, 97
合理性の罠　55
「合理と懐疑」のあいだの平衡　96
国際経済摩擦　255, 256
国際刑事裁判所（ICC）　37
国際連合　72, 73, 259
国民主義にもとづく統制主義　85, 94
個人人格（individual character）　228, 231
国家主義と国際主義　264
国権派　84
コミュニュカティブ・アニマル　173
コモンセンス（common sense）　86-88
雇用助成金　59
コリント書　28

サ行

最大多数の最大幸福　158
サイバネティクス　88, 89
搾取　117, 118
サブプライム・ローン問題　12, 47, 48,

50, 193
左翼実験国家　97, 263
産業革命　187
三十年戦争　81
三位一体　65
——の改革　64-66
ジェノサイド（大量虐殺）　37
ジェレミー・ベンサム　158
自己資本保有比率（BIS 規制）　36
市場教条主義（market doctrinairsm）　43
市場均衡　105, 160
市場原理主義（market fundamen talism）31-33
「しじょう」と「いちば」の違い　113
市場の失敗（market failure）　130, 133
市場の成立条件　108
私人化(privatization)　212, 213
自生的秩序（spontaneous order）　125
実験室のテロリスト　206
実践的認識論　7, 96
実存主義（existentiolism）　203
資本ストック　218
ジミー・カーター　19
社会革命　79, 98
社会契約論　112
社会工学（social engineering）　129
社会性（sociality）　139
社会体（society）　249, 259, 275
社会保険（social insurance）　108
社会保障（social security）　76, 108, 109, 247
ジャコバン党　97, 195
ジャンバッティスタ・ヴィーゴ　113, 114
自由と保護の二元空間　62, 64
自由・平等・博愛　91, 97, 98
習慣の規則　197
宗教運動の昂揚　204
宗教的な良心（conscience）　203
終身雇用　251
朱子学　6
需要寡占（oligopsony）　107
需要独占（monopsony）　106
ジュリアス・シーザー　168
証券化（securitization）　44, 49, 130, 179
小日本主義　262, 263
消費者主権（consumers' sovereignty）　137, 141
上部構造（superstructure）　271, 272
情報格差　50, 51, 55, 136, 137, 235, 237
情報の節約　146, 147
賞味期限の捏造　47
剰余価値（surplus value）118, 170
——の搾取　176
ジョージ・H・W・ブッシュ　26
ジョージ・W・ブッシュ　26, 245
ジョージ・シャックル　202
ジョージ朝　123
食品汚染問題　136
食品の産地偽装表示　47
食糧自給率　249, 250
ジョセフ・シュンペーター　196, 197
ジョン・スチュアート・ミル　163, 164
ジョン・デューイ　178
ジョン・ネメリク・エドワード・ダルバーグ＝アクトン　162
ジョン・ヒックス　174, 176
ジョン・メイナード・ケインズ　23, 121-124, 126, 127, 129, 174, 202, 203, 254
ジョン・ロビンソン　223
辛亥革命　194
神聖ローマ帝国　81
審判　15
信頼の危機　123, 203
スターリニズム　124, 195

スターリング・ブロック　258
ステイク・ホルダー　234
ステイティズム　80, 269
ストック　219, 220, 229
スペイン坂　184, 185
すべてを単純化する恐ろしい人たち　113
生産者主権（producers' sovereignty）　140, 141
生の哲学　42
政府は国民の公心の代表なり　84
世界金融危機　10, 47-50, 61, 76, 85, 89, 96
世界大恐慌　13, 59, 76, 79, 202
セミブロック　61, 63, 258-260, 262, 267
漸進主義　128
全人代　11
選択関数　159, 164
選択秩序　159
選択の機会　160
選択の自由　161, 163
疎外（alienation）170
組織人格（organizational character）　228, 229, 231, 233
訴訟社会（suit society）　193, 236
ソビエト連邦共産党　98

タ行

第七艦隊　73
竹中平蔵　53
他者無危害の原則　163, 164
タルコット・パーソンズ　166, 178
地域主権　265, 266
小さな主体　105
小さな政府　29, 52, 60
チェスター・バーナード　228, 229
知行合一　6, 8
地方分権　64-66
中央銀行　39
中国共産党　11
賃金の下方硬直性　121
賃金は慣習によって決まる　174
ツァーリズム　77, 195
使い古されたドグマ　27, 28
適正価格　177
適正競争　177
テクニカル・ナレッジ　192
デマゴギー（demagogi）　138, 169, 253
伝統（合理）性　168
東海村 JOC 臨界事故　16
統制主義を目指す国民主義　85, 94
独占　131, 226
トマス・アクィナス　115
トマス・カーライル　74, 75
ドミートリー・メドヴェージェフ　255
トヨタ　59
ドル・ブロック　258
トロイの木馬　112

ナ行

中曽根康弘　20
ナショナリズム　80, 269
ナチズム　77, 79, 124, 172
二・二六革命　79
ニクソン・ショック　19, 29, 144, 244
ニコライ二世　195
西周　242
日米安全保障条約　71, 261, 263
日本的 HO　61
日本的経営　22, 61, 62, 112, 224, 229, 251
ニュー・ディール革命　79
ニュージーランドの行財政改革　53, 54
ネオクラシカル（neoclassical）　122
ネガティブ・フリーダム　162
年功序列制賃金　251

年次改革要望書　29
ノーヴァット・ウィーナ　88
ノーメンクラトゥーラ　77

ハ行
ハイエキアン　126
ハイエク問題　124, 127
肺結核　177
八紘一宇　78
バブル経済　21, 22, 33, 75, 76, 78, 130, 185, 234
バラク・フセイン・オバマ　17, 26-30, 59, 60, 68
ハリー・ホワイト　23
範囲としての平等条件　103, 104, 108, 114, 117
ハンナ・アーレント　153, 157, 196
東アジア共同体　257
非正規雇用　219, 220
ヒッピーイズム　19
人はパンのみに生きるに非ず　181
皮膚としての国家　90, 91, 268
一〇〇年に一度の大不況　13, 14, 16, 18
ピューリタニズム　156
ヒラリー・クリントン　261
ビル・クリントン　44, 68
ファシズム　77, 79, 124
プーチン・メドヴェージェフ体制　255
フェミニズム　182
不確実性（uncertainty）　46, 131, 133, 134, 136, 189, 200, 201, 220, 222, 225, 246
不完全競争 (imperfect competition)　222-225
福沢諭吉　84, 85
不効用　151, 157
二つの自由の概念　51
普通選挙　85
物神崇拝　17
プラクティカル・ナレッジ　192
プラザ合意　19, 21, 29
フランス革命　14, 51, 52, 91, 92, 163, 194, 195
フランス国民公会　97
フランス人権宣言　92, 93
フリー・ライダー　132, 224
フリードニッヒ・ニーチェ　42
フリードリヒ・フォン・ハイエク　124-129
フリードリヒ・ヘーゲル　5, 6
ブルームズベリー・クラブ　121
プレ・モダニズムの記憶力　186
フロー　219
ブロッキズムの復活　61
ブロック経済　60, 61, 257, 258
文化大革命　195
米軍基地　73
平成維新　199
平成改革　30, 190
ベトナム戦争　19, 22, 23
ボーア戦争　23
保護主義（protectionism）　60, 63, 248
ポジティブ・フリーダム　162
保守思想　128, 186, 266
ポスト・モダニズム　183-185
　――の想像力　186
ホセ・オルテガ　90, 205, 206, 268
骨太の方針　64
ホモ・エコノミクス　180, 187
ホモ・シンボリクス　180, 183
ホモ・ソシオロジクス　180
ホモ・ポリティクス　180, 183
ポリス　241
ボリス・エリツィン　135
ポリティカル・エコノミー　241, 242, 248, 255
ホロコースト（民族皆殺し）　37

マ行

マーク・トゥエイン　75
マーケットの声を聞け　55, 64, 137, 138
マイケル・オークショット　192
マスメディアの世論形成力　207
マックス・ウェーバー　167
マルク・ブロック　258
マルクス・ゾンビ　13, 16, 34, 41
マルクス経済学　7, 38-40, 130
マルクス主義　44
マルセル・モース　173
マルティン・ハイデガー　42
ミネルヴァ神　5, 6, 8
ミネルヴァのふくろうは夜に飛び立つ　5
ミルトン・フリードマン　124, 164
民権派　84
明治維新　198, 199
メビウスの帯　135
毛沢東　168, 195
目的合理性　167, 168
モダニズム　186
モラル・ハザード（moral hazard）　222

ヤ行

柳澤伯夫　182
ユーロ（euro）　244
宥和政策（appeasement policy）　261
ゆたかな社会　215
ユルゲン・ハーバーマス　173
陽明学　6
ヨーロピアン・ナショナリズム　244
欲望・商品の差異化　183, 185
欲望の五段階発展説　154
ヨシフ・スターリン　77, 163
輿論　85, 86, 270

ラ行

リーマン・ブラザーズ　10
リチャレンジ　69
ルールとパワーの二元性　74
ルネ・デカルト　113, 114
歴史なき北米大陸　125
歴史の復興運動　77
レッセ・フェール（laissez-faire）9, 10, 13, 124
労働価値説　118
労働商品の特殊性　172
労働力商品化の無理　130, 170, 171
ローカル・マネー　145, 146, 148
ロシア革命　98, 163, 195
ロシア共産党　98
ロシア社会民主党　98
ロシア正教　15
ロナルド・レーガン　27
ロビン・マリス　231-233
ロマンシュ語　82
ワーク・シェアリング　218
ワイマール体制　77

≪著者紹介≫

西 部　邁（にしべ・すすむ）

1939年北海道生まれ。東京大学経済学部卒業。
東京大学教養学部教授を経て、
現在、評論家、隔月刊誌『表現者』顧問。
1983年『経済倫理学序説』（中央公論社）で吉野作造賞受賞。
1984年『生まじめな戯れ——価値相対主義との闘い』（筑摩書房）で
サントリー学芸賞受賞。
1994年 著作・言論活動に対して第8回正論大賞受賞。

著　書『ソシオエコノミックス』イプシロン出版企画、2006年
『ケインズ』イプシロン出版企画、2005年
『妻と僕——寓話と化す我らの死』飛鳥新社、2008年
『サンチョ・キホーテの旅』新潮社、2009年
ほか多数

焚書坑儒のすすめ
——エコノミストの恣意を思惟して——

2009年11月30日　初版第1刷発行　〈検印廃止〉

定価はカバーに
表示しています

著　者　西 部　邁
発行者　杉 田 啓 三
印刷者　林　初 彦

発行所　株式会社　ミネルヴァ書房
〒607-8494　京都市山科区日ノ岡堤谷町1
電話（075）581-5191／振替01020-0-8076

太洋社

ISBN978-4-623-05621-7

Printed in Japan